海のプール

海辺にある
「天然プール」
を巡る旅

清水浩史

草思社

鴨ヶ浦塩水プール（石川県輪島市 p.32）

米ノ海水浴場（福井県越前町 p.38）

千畳敷天然海水プール（青森県深浦町 p.49）

岡崎天然海水プール（青森県深浦町 p.53）

間人親水プール（京都府京丹後市 p.43）

岩館海浜プール（秋田県八峰町 p.56）

あやまる岬海水プール（鹿児島県奄美市 p.70）

侍浜海水プール（岩手県久慈市 p.61）

海軍棒プール（沖縄県南大東村 p.85）

塩屋海岸プール（沖縄県南大東村 p.94）

乙千代ヶ浜（東京都八丈町 p.113）

玻名城海岸（沖縄県八重瀬町 p.105）

本場海岸プール（沖縄県南大東村 p.90）

沖縄海（沖縄県北大東村 p.99）

トウシキ遊泳場（東京都大島町 p.120）

長崎鼻海水プール（鹿児島県いちき串木野市 p.160）

台場公園海水プール（鹿児島県枕崎市 p.154）

元和台海浜公園・海のプール（北海道乙部町 p.142）

厚田海浜プール（北海道石狩市 p.138）

海のプール　海辺にある「天然プール」を巡る旅　目次

第2章 海のプール 離島編

第3章 海のプール 新旧探訪編

第4章 海のプール 番外編

はじめに

「社会的に成功し、富を得たい」と嘯《うそぶ》くのは、もうやめよう。

負け惜しみと思われても構わない。私にとって真に大切なのは、海に浸かること、海で泳ぐことだ。仕事や人間関係で気が滅入ったら、ただ海に浸かって泳げばいい。海は一瞬にして心身を健やかにしてくれる万能薬だ。

登山においては、山の頂《いただき》までは遠い。海は浸かった瞬間に、地上の「靄《もや》」が消え失せる。人生がどんなに苦渋に満ちたものであっても、海に浸かることさえ忘れなければ、いつだってスイミングリー（Swimmingly）——すこぶる順調だ。

ものぐさの私は、健康を心がけた運動をいっさいしない。加齢とともに増えつづける体重は、じつに悩ましい。それでも海は人を優しくすっぽりと包み込む。心や身体がどんなに重くなっても、浮遊する。浮力のある水中では、体重も年齢も関係ないのだ。

無理して海で泳がなくてもいい。冷たい水に浸かって浮かんでいるだけで、瞑想効果が生じて静かな心持ちとなり、「生きている悦び」が込み上げてくる。疲労や不安、鬱屈、怨恨は、あっという間に洗い流される。

イギリスの作家、ロジャー・ディーキンの『イギリスを泳ぎまくる』（原題：*Waterlog*）という本がある。著者は季節を問わずイギリスのあらゆる水たまりを求めて、一人で旅をした。川や湖、池、泉、プール、水浴場、そして海——。たとえ悪天候であっても、水温が一五度を下回ってもだ。そんな著者は、水に浸かる効用を次のように綴っている。

泳いでいるときの物の見方、感じ方は独特だ。水中では人は自然のなかにいる。地上にいるときよりずっと強固に自然の一部、要素として組み込まれるので、自己の存在を強く実感できる。自然のなかで泳げば、周囲の動物と同条件に身を置くことになる。（中略）自然の水には古来、癒しの力が潜む。水の自己再生力はなぜか泳ぐ者にも伝わり、水に飛び込む前は暗い顔でふさぎ込んでいた僕が、水から上がれば上機嫌で口笛を吹く。重力から逃れ、裸という絶対的解放を手に入れることで、自由と野性が目を覚まし、自然との一体感が増してゆく。

（『イギリスを泳ぎまくる』青木玲訳）

そう、このように自然の中で冷たい水に浸かると、一瞬にして心と身体が目覚める。それは原初的な本能、野性といった身体感覚が呼び覚まされるからだろう。水に浸かることは陸上とは異なり、「ほぼ裸」で身体をさらす営みだ。それゆえに自然に包まれていることをひときわ感じやすい。そうして身体の感覚が研ぎ澄まされるからこそ、生きていること（自己の存在）を実感できる。水から上がると、目に映るすべてが鮮やかに感じられ、充足感や自己肯定感が生まれるから不思議だ。

ただ、課題が生じる。

では、いったいどこで泳げばいいのか、どこで水に浸かればいいのか、と。

身近な屋内プールは一年中使える利便性はあるものの、空と太陽がない。季節や天候の変化もない。そして街中にある屋内プールは、得てして混んでいる。健康であることを競うかのように、しゃにむに泳ぐ人の姿を見ると気おくれする。私はただ静かにのんびり、自由に泳ぎたい。一方、海水浴場や屋外プールを利用できるのは、（沖縄などを除けば）おおよそ七、八月に限られる。休暇や天候のタイミングを見計らっているうちに、あっという間に夏は通り過ぎてしまう。私は季節外れの誰もいない海を一人で泳ぐこともあるが、海況や体調を見極めないと危険を伴う。

そこで、どうだろう。

日本ではほとんど知られていないものの、「海のプール」がベストではないかと考えた。海だけどプール、プールだけど海、という存在だ。つまり、海辺にある海水プールのことを指す。岩礁を掘ったり、必要最小限のコンクリートで海を囲ったりしたものだ。その多くは潮の満ち引きを利用して、海水が自然に循環するようにつくられている。海のプールは「学校にプールがない」「海が急に深くなる」「岩場の海岸で、安心して泳げる場所がない」といった理由で、一九七〇年代や八〇年代につくられたものが多い。本書ではそのようなプールを「海のプール」と呼びたい。

海のプールには、独自の美しさがあることも見逃せない。海のプールは、海そのもの、プールそのものの美しさとは異なる。海の深い青と、プールの浅い水色。その鮮やかなコントラストは美しく、両者は一体となっているような調和もある。海のプールは、「海」「プール」単体の魅力を超えた存在ではないか。海で気軽に泳げる場所であると同時に、存在の美しさを兼ね備えた文化遺産ではないか。しかも海のプールは地形に応じてつくられているため、均一的ではなく、それぞれが個性的だ。

ただし、ここでは海辺にあるリゾートプールやレジャープール、インフィニティ・プール（海とつながって見えるように設計されたプール）は含まない。民間プールの魅力は決して小さくないものの、つくられた空間、人工的な存在であればあるほど、海と一体になれる野趣は失われてしまう。貧乏な――いや慎ましく暮らす私としては、豪華さや快適性よりも、できる限りシンプルな空間、自然の空間に身をゆだねたい。そもそも太陽と海は、無償の富だ。

潮だまりは、英語でタイドプール（Tide Pool）と呼ばれる。潮が引いた際に、磯や岩場にできる水たまりだ。「プール」と呼ばれるために混同してしまうが、潮だまりは自然がつくり出すプールだ。本書でいう海のプールは、「（岩礁を掘ったり、コンクリートで海を囲うなどして）潮だまりに人の手をわずかに加えた場所」と考えればわかりやすい。海外ではロックプール（Rock Pool）、オーシャンプール（Ocean Pool）、シープール（Sea Pool）などと呼ばれている。

では海のプールは、いったいどこにあるのだろう。

全国を見わたすと、現存する海のプールの数は決して多くはなく、「稀少種」のプールといえる。国の有形文化財にも登録されている鴨ヶ浦塩水《かもがうらえんすい》プール（石川県）や、南大東島の名所である海軍棒《かいぐんぼう》プール（沖縄県）など、全国でおよそ二〇箇所と考えられる。海のプールは全国に点在するとはいえ、一般的には馴染みが薄い。多くは都市圏から離れていること、離島に存在することが、その背景だろう。裏を返すと、アクセスしにくい「稀少種」のプールだからこそ、その存在はとびきり美しい。景観や海、プールの美しさに加え、「混雑とは無縁の自由」も謳歌できる。

ただし「海のプールと見なすか否か」という線引きは、解釈が分かれるところでもあり、なかなか悩ましい。岩礁に囲まれた波の静かな海水浴場や、泳ぎやすい天然の潮だまりは、海のプールの一種と捉えることもできるだろう。本書では「（海の）プールとしてつくられた」あるいは「（海の）プールとして親しまれている」という観点を重視して、知り得る限りの海のプールをすべて巡った。また第四章では、オーストラリアのシドニーも番外編として訪れた。シドニーは海のプールが多数存在する、世界でも稀有な場所だ。

海のプールはレトロでノスタルジックな雰囲気でありながら、依然として利点は多い。海水を用いるため、プールの維持に水道代はかからない。潮の満ち引きによって海水が循環するため、水質管理も必要ない。どんな施設であっても人工的であればあるほど、維持管理の手間と費用が生じる。海のプールは一度つくってしまえば、あとは基本的に自然任せで済む。海のプールは「天然プール」のようなものだ。

また海のプールは、海（外洋）が少し荒れていても、大抵は泳ぐことができる。海のように急に深くなったりしないため、小さな子どもや、泳ぎが苦手な人でも愉しめる。もちろん私のような中高年や高齢者でも親しみやすい。水中を覗けば、魚を観察することもできる。海水浴シーズンはもちろん、それ以外の季節に訪れても泳げる機会は多い。

私は大学時代にダイビング部に所属して以降、ただただ海や島の旅を重ねてきた。無人島や小さな島々を訪ねて取材することもあれば、潜水器材やサーフボードといった道具を使って海で戯れることもある。四〇代後半までは転々としながらも会社勤めだったため、時間を工面するのはなかなか大変だった。五〇代となった今はフリーランスであるものの、仕事との兼ね合いをつけて海や島へ出かけることに変わりはない。

そんな三十数年を振り返ってみると、詮ずるところは一点に集約される。

海に浸かる愉悦に勝るものは何もない、と。

道具や場所は関係ない。ただ海に浸かることができれば幸せなのだ。働くことの意義や醍醐味は理解しつつも、結局はどんな仕事も海の魅力には敵わないように思える。

よくよく考えると、子どもはほぼ例外なく海の水遊びが大好きだ。裏を返すと海から遠ざかっている大人は、その欲求を自身の内奥《ないおう》に眠らせてしまっているだけなのかもしれない。ついつい口にしてしまう「忙しい」「億劫」といった言葉の裏には、「いい歳をして水着を着たくない」「一人で海に出かけるのは気おくれする」といった「気恥ずかしさ」が隠されているのではないか。

固定観念を拭い去りたい。海は人目を気にする場所ではなく、ただ一心に水と戯れる場所だ。年齢や容姿、体形はいっさい関係ない。たとえいくつになっても、人は海が恋しいのだ。海のプールは、万人に開かれている。

各地の景勝地を旅するように、野趣あふれる海のプールを巡りたい。出かけよう、まばゆい海へ、きらめく海のプールへ。

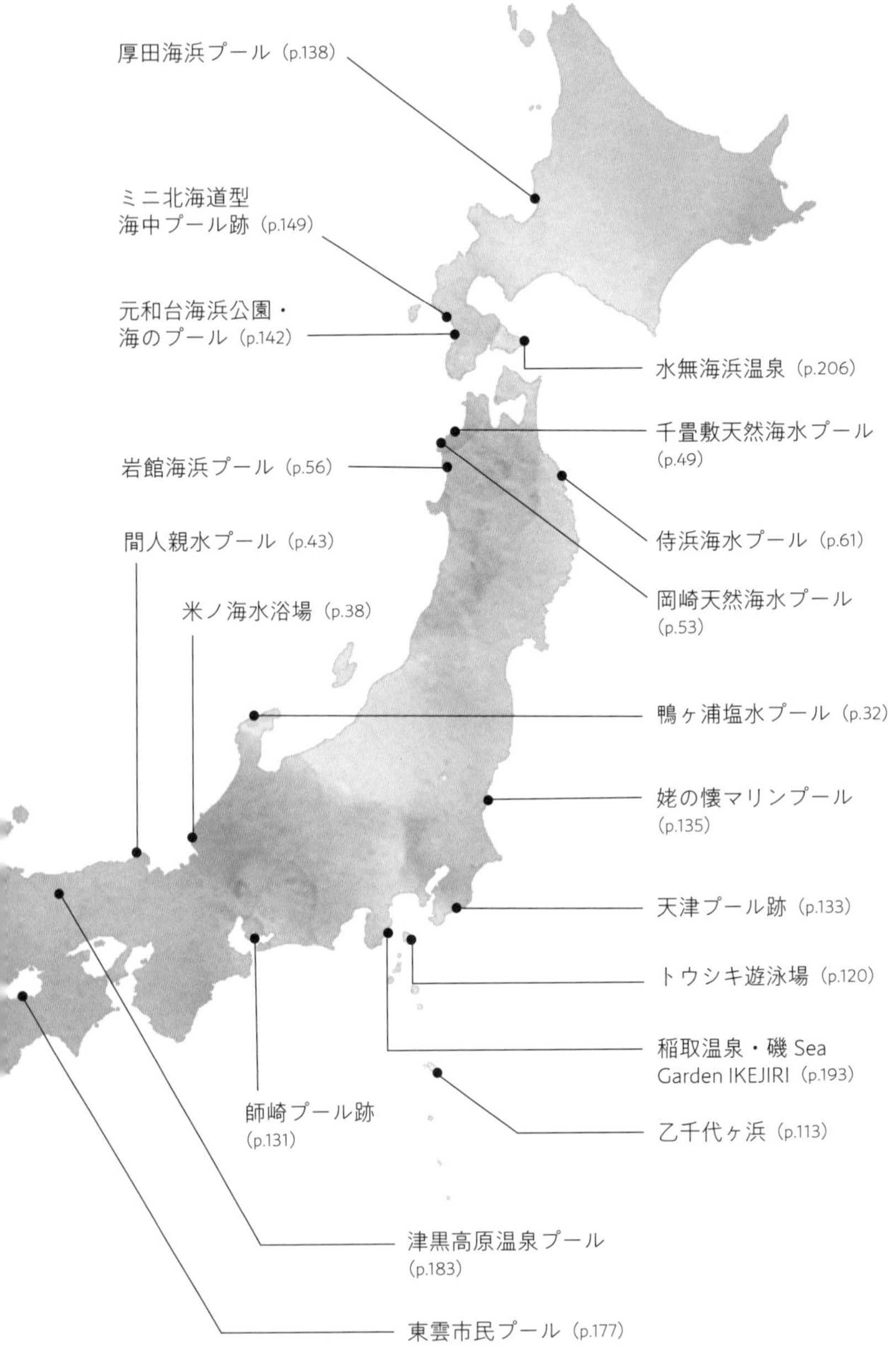

厚田海浜プール（p.138）
ミニ北海道型
海中プール跡（p.149）
元和台海浜公園・
海のプール（p.142）
水無海浜温泉（p.206）
千畳敷天然海水プール
（p.49）
岩館海浜プール（p.56）
侍浜海水プール（p.61）
間人親水プール（p.43）
岡崎天然海水プール
（p.53）
米ノ海水浴場（p.38）
鴨ヶ浦塩水プール（p.32）
姥の懐マリンプール
（p.135）
天津プール跡（p.133）
トウシキ遊泳場（p.120）
稲取温泉・磯 Sea
Garden IKEJIRI（p.193）
師崎プール跡
（p.131）
乙千代ヶ浜（p.113）
津黒高原温泉プール
（p.183）
東雲市民プール（p.177）

プール地図

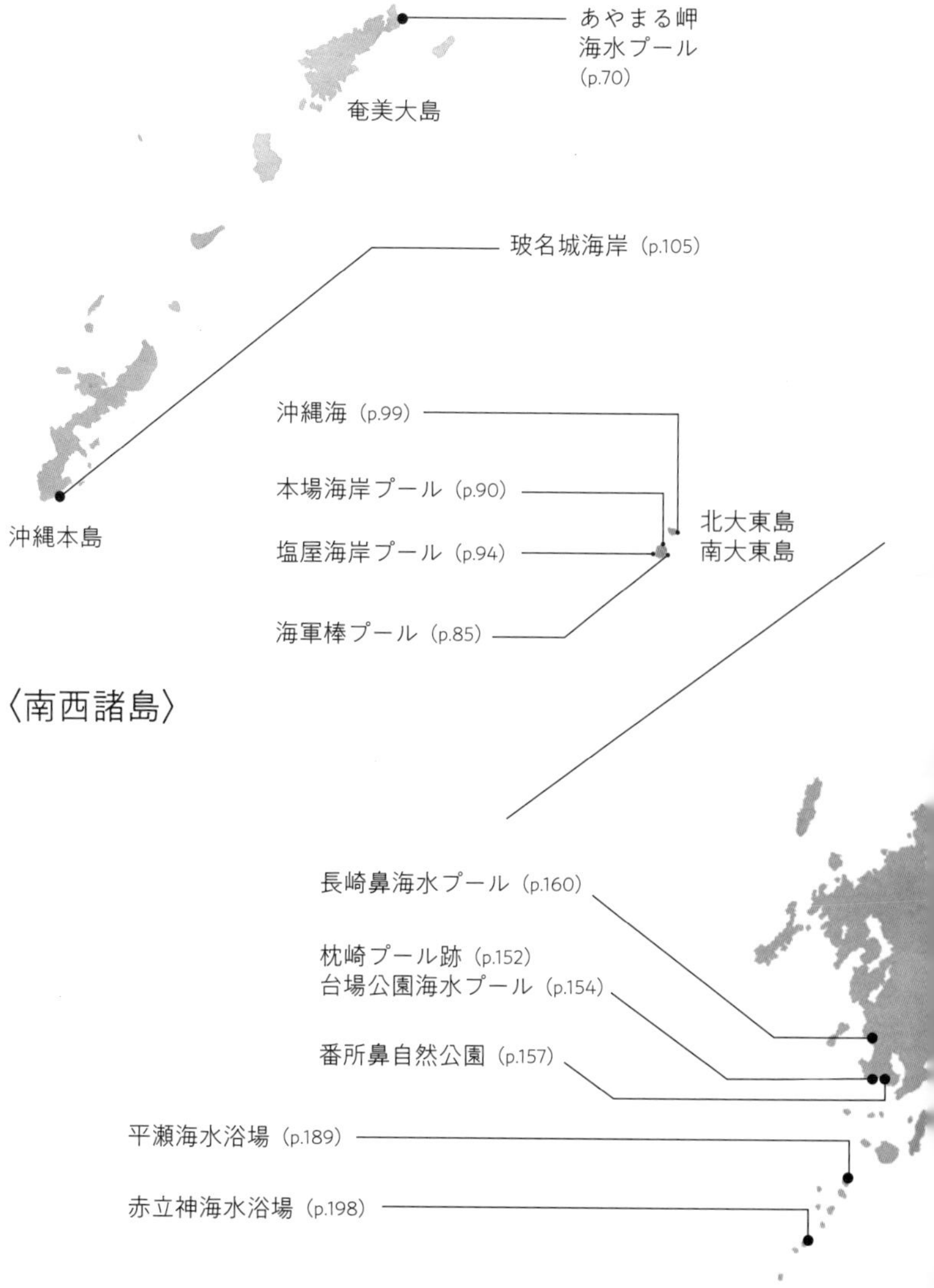
あやまる岬
海水プール
(p.70)
奄美大島
玻名城海岸 (p.105)
沖縄海 (p.99)
本場海岸プール (p.90)
塩屋海岸プール (p.94)
海軍棒プール (p.85)
北大東島
南大東島
沖縄本島
〈南西諸島〉
長崎鼻海水プール (p.160)
枕崎プール跡 (p.152)
台場公園海水プール (p.154)
番所鼻自然公園 (p.157)
平瀬海水浴場 (p.189)
赤立神海水浴場 (p.198)

凡例

・各プールの大きさ（寸法）において、おおよその数値として示したものは、国土地理院「電子国土Web」または「Google MAP」の空中写真を参照して独自計測したもの。
・各プールをはじめとする現地の状況は、二〇二二年六月から二〇二三年三月にかけて取材・撮影した当時のもの。
・気温と水温は摂氏による度数を示す。
・本書の引用文における〔　〕は、引用者による補足を示す。
・本書の掲載地図は、国土地理院「電子国土Web」を参照して作成した。
・海のプールの各データ（指標）における「絶景度」はプールを含む周囲の景観、「天然度」はプール自体の野趣性（天然の趣を保った造設か否か）を指す。「水底」については、プールの底が人工的に整備されている（造成）か否（ナチュラル）かを示す。

海のプール

海辺にある「天然プール」を巡る旅

第1章
海のプール
海岸編

水泳は精神を集中させ、心を深い思考に導く。
そして大きな夢を見させてくれる。

リン・シェール『なぜ人間は泳ぐのか？』高月園子訳

プール「はしご」旅

「猫地獄」からのダイブ——鴨ヶ浦塩水プール（石川県輪島市）

午前中の鴨ヶ《かもが》浦塩水《うらえんすい》プール（カラー写真二頁上）には、誰もいなかった。岩陰でいそいそと水着を穿《は》いて、鏡のようなプールを一人で泳ぐ。水温は二六度、水の冷たさが心地いい。

七月下旬、東京から飛行機で能登空港に降り立った。空港から乗合タクシーを使って、輪島市の袖ヶ《そでが》浜《はま》へ。鴨ヶ浦塩水プールは輪島市街の北端にあり、袖ヶ浜からは道のりで五〇〇メートルほどと近い。

鴨ヶ浦塩水プールの大きさは二五×一三メートルあり、海岸の岩礁をくり抜いてつくられてい

鴨ヶ浦塩水プール

絶景度 ★★★★★
天然度 ★★★★★
透明度 ★★★★
魚影 ★★★★
石川県輪島市輪島崎町
寸法：25m×13m
水底：ナチュラル
竣工：1935〜49年

る。プールの北側は崖になっており、外洋の強い波がどぶどぶと打ち寄せては白く砕ける。一方のプールは、鏡のように滑らかな水をたたえている。この「動」と「静」の鮮やかなコントラストが、海のプールの魅力だろう。

鴨ヶ浦塩水プールは水深二メートルほどと、やや深い。岩礁を人の手で掘ったプールとはいえ、水底《みなそこ》は天然の趣が濃い。人工プールのようにコンクリートで整備されたものではなく、岩がごろごろと転がっている。プールの水底が均一に整備されていないプールは、水中を覗くと「海」にいるかのような錯覚を覚える。また小魚を眺めながらのんびり泳げるのは、海のプールならではだ。

泳ぎ疲れたら、ぷかりと浮かんで空を見上げる。それにしても、水の循環に優れたプールだ。プールの縁には、二つの穴が掘られている。北側の取水口から澄んだ水がどっと流れ込んでは、南側の排水口からするすると流れ出ていく。海のプールにおいて、潮が流入する場所は得てして魚影が濃い。水中を覗くと、やはりメジナの幼魚が群れている。取水口は潮の流入で泡立つため、水中の酸素含有量が多くなって、プランクトンも集まりやすい。

鴨ヶ浦塩水プールの歴史は、昭和初期に遡《さかのぼ》る。当時、市内の学校にはプールがなく、児童らは海で水泳の練習をおこなっていた。一九三五年頃から鴨ヶ浦塩水プールの整備が進められ、一九四九年頃までに現在のような形が完成した。自然の岩礁を活かしたプールとしての稀少性から、有形文化財（文化庁）にも登録されている。今も使われている海のプールとしては、日本で最古のものだろう。

昼過ぎになると、地元の小学生がぱらぱらと集まってくる。市街からぶらぶらと歩いてきたり、自転車でプール脇まで勢いよく乗りつけてきたり。そうか、この日は七月下旬の週末、もう夏休みだ。子どもたちは、すぐに仲間内でちゃぷちゃぷと泳ぎはじめる。のどかな戯れは、時間の経過とともに精彩を帯びてくる。プールサイドから勢いよく飛び込んだりと、黄色い声は徐々に大きくなっていく。

プールサイドからの飛び込みに飽きたのか、高さ二メートルほどの岩場から、プールへ飛び込みはじめる。「はやくー」「ちょっと待て」と掛け声が飛び交い、賑やかさは増す。男子と女子のグループは入り交じり、岩場からの飛び込みが順番待ちになる。

やがて一段落したら、個々思い思いにプールの周辺へ駆け出す。外洋で泳げるポイントは決まっているようで、海の状況をまじまじとチェックしている。波は強く押し寄せ、白く砕け散る。やや荒れた海況のため、子どもたちは「今は無理そう」などと判断する。

左側は荒波が押し寄せる外洋、右側は穏やかなプール。中央奥は磯を伝って遊べる浅瀬

「私、いけるかも（海に飛び込めるかも）」と口にした女子が見つめる先には、白く砕けた波が大きくうねっていた。そこはプール脇にある崖上のポイントで、通称「ガードレール」と呼ばれている。高さ三メートルほどある崖から海に落ちないよう、文字通り低い防護柵が設けられている。

「お前たち、今日はやめとけ」と、長身の若いお兄さんが「ガードレール」に現れた。

「どこの学校なの？」などと声をかけて、すぐに小学生の輪に溶け込んでいる。二〇代半ばのお兄さんは輪島で生まれ育ち、今は就職して金沢市で暮らしているという。

「（輪島での）夏休みは毎日ここで遊んでいましたね」というお兄さんは、休暇で実家に戻ってきたという。

「こんなとこ、なかなかないでしょ」と、故郷への懐かしさと誇らしさが言葉に滲む。

「ガードレール」で崖下を眺めていた子どもたちは、

お兄さんに勇気を見せたくなったのか、制止を振り切って、不意に男子三人が崖下に飛び込んだ。お兄さんも「しょうがねえな」と、服のまま後を追って飛び込む。白波にもまれた三人の子どもは、海のうねりの強さに驚いたようで「やばい、やばい」と海上で声を上げる。何とか岩場まで泳ぎついて、息を切らしながら「ガードレール」の崖を這い上がってきた。私ならこの崖を這い上がることすら、できないだろう。

子どもの無事を海上で見届けたお兄さんは、やわらかな表情だ。別の場所まで泳ぎ、急な崖をロッククライマーのようにするすると這い上がった。そこは「ガードレール」近くの「猫《ねこ》地《じ》獄《ごく》」と呼ばれるポイントだ。子どもたちは略して「ねこじ」と呼ぶ。「猫でさえも登ることができない急な崖」が名前の由来ともいわれる。

崖上から海面まで五、六メートルはあるだろうか。「猫地獄」は普段であれば、上級者である子ども同士の「度胸試し」になる場所だ。ただこの日のように荒れている海でも「猫地獄」から飛び込むつもりなのか――。

見守る子どもたちは「いけー」「むり、むり」と、無責任な歓声を上げる。

「お前たちは絶対だめだからな」と、お兄さんは崖上で悠然と立ち上がる。

飛んだ――。

足からではなく、頭から舞うように。

子どもたちは、息を呑む。

ポールが建つ「猫地獄」から外洋へ飛び込む。「ガードレール」で見守る少年

スローモーションのように長く思える瞬間だ。海面上に小さな水しぶきが上がると、歓声が上がる。お兄さんはゆったりと泳ぎ、崖を這い上がって「ガードレール」に戻ってきた。子どもたちは拍手で迎える。「かっけー（かっこいい）」と。

しばしプールサイドで日光浴を満喫したお兄さんは、おもむろにプールを去っていった。

一方の子どもたちは、一向に帰らない。やがてプール遊びのピークは過ぎたのか、プール周辺の磯を伝いはじめる。そして、ある地点でしゃがみ込んで波を待つ。どんと打ち寄せて砕ける白波を頭から思いっきりかぶる。波が引いた際に、もっと波が激しく打ちつける場所に、身体をずらす。そうして岩場にしがみついて、叩きつける波しぶきを延々と浴びている。滝行《たきぎょう》ならぬ波行《なみぎょう》だ。

プールの近くにはコミュニティバス（市内を循環する小型バス）の停留所があり、私は一六時過ぎのバスで鴨ヶ浦を後にした。浸かる、泳ぐ、飛び込む、打たれる——。きっと子どもたちの海の遊びは、日没まで終わらないのだろう。バスの女性運転手は輪島で生まれ育ったそうなので、尋ねてみた。

「（午後は賑やかなのに）なぜ午前中はプールに誰もいなかったのか」と。

「そりゃ、子どもはいつまでも海で遊ぶから。せめて午前中は家にいて宿題しなさい、勉強しなさいって、先生からいわれてるからね」

そうか、子どもの夏の一日は、かくも長いものなのか。

七月下旬、長い夏休みは、はじまったばかりだ。


「海の喫茶店」を愉しむ——米ノ海水浴場（福井県越前町）

石川県の輪島市から、夕方の高速バスに乗って金沢市へ出る。翌日はＪＲ北陸本線に乗って西へ向かい、福井県の武生《たけふ》駅で下車する。さらに一〇時過ぎの路線バス（かれい崎行き）に一時間一五分ほど揺られ、干飯《かれい》崎近くの「新屋敷」で降りる。

もう目の前は越前海岸、米ノ《こめの》海水浴場だ（カラー写真二頁下）。

七月下旬、快晴の日曜日。国道沿いの海岸へ下りると、多くの家族連れが詰めかけていた。

米ノ海水浴場には、海をコンクリートで囲ったプールがある。海に突き出すような形で、手前に幼児用の小さなプール、奥に大きなプールが設けられている。プール全体の大きさは、二五×

米ノ海水浴場

絶景度　★★★★★
天然度　★★★
透明度　★★★
魚影　★★
福井県丹生郡越前町米ノ
寸法：約25m×10m
水底：造成
竣工：1983年頃

一〇メートルほどある。

米ノ海水浴場のプールは、一九八三年頃に城崎南《しろさきみなみ》小学校の児童プールとしてつくられた。小学校は海岸のすぐ近くにあったものの、学校統合により一九九四年に閉校した。学校がなくなる一九九三年の夏まで、プールは用いられたようだ。

大きなプールに浸かってみると、水温は二七度、深さは一メートルほど。プールの底はコンクリートで整備されており、湯船に浸かっているような安心感がある。ちょろちょろとプール内に紛れ込んでくる小魚も、心を和ませてくれる。

子どもたちは「怖い海」とは無縁のプールで、はじけるように遊んでいる。大人は浸かったり浮かんだりして、「海の湯船」で心をほぐす。コンクリートの囲いには取水・排出の穴が設けられており、プールの水は自然に循環する。時おり沖合からうねりが押し寄せては、砕けた波がプールの縁を越えてどっと流れ込む。するとプールの水面はゆっさゆっさと大きく揺れ、子どもたちの歓声は一段と大きくなる。

身体を水に慣らしたら、プールの縁から海へ飛び込む。プー

プールと周囲の海を自由に行き来できる

ル周辺の海は消波ブロックや岩場に囲われているため、穏やかだ。沖合には遊泳区域を示すブイが張られている。プールから一転し、海は二、三メートルの深さがあるため、水温は少し下がる。ダイビングのスポットにもなっている米ノ海水浴場は、透明度も高い。マアジの群れが横切り、シロギスが白い砂地を這うように泳いでいる。

やや窮屈だったプールの囲いから開放されて、海をどこまでも泳ぎたくなる。

が、不思議なもので、しばらく広い海を一人で泳いでいると、なぜか無性にプールへ戻りたくなる。海は自由である反面、際限のない空間だ。広くて深いだけでなく、海況の変化をつねに意識しなければならない。クラゲに刺されたり岩場でケガをせぬよう、気も遣う。そのため何の心配事もないプールに帰りたくなる。プールに戻るとやがてまた窮屈に思えてきて、海に出たくなる。

安心できる居場所があるからこそ、自由を求める欲求が強くなるということか。戻る場所があるからこそ、外の世界で力強く泳げるということか。

もしかすると海のプールは、街中にあるカフェのような存在かもしれない。

カフェ文化の研究者である飯田美樹は、パリのカフェの魅力をこう綴っている。

カフェに通う者たちの多くは自分を曲げてまで誰かに迎合したいとは思わないものの、一人で家に閉じこもるのはあまりに孤独で耐えられないような者たちである。だからこそ、彼らは一人ぼっちと感じるわけでもなく、個人の自由も侵害されないカフェに通って孤独感から解放されるのである。（中略）同じ場所にわざわざ通い、共に時を過ごし、同じような飲み物を飲んでいるという、たったそれだけのことではあるが、それだけでカフェに集う人たちの間には独特の連帯感が生まれてくる。たとえ言葉を交わさずに自分の好きなことをしていても、同じ空間で、見えない何かを共有しているという感覚により孤独を感じることがぐんと少なくなってゆく。

（『カフェから時代は創られる』）

そうか、私が一人で海のプールに出かけるのは、「海の喫茶店」のような感覚なのかもしれない。本書では誰にも出会わないプールも多いものの、なぜか孤独は感じない。それはきっと「誰もいない喫茶店の（至福の）ひととき」なのだろう。海のプールは野趣を感じられる場所でありながら、同時に「一人ぼっちではない、囲われている安心感」も得られる場所だ。そんな居場所があるからこそ、眼前にある海という広い世界にも漕ぎ出したくなる。

〔カフェという場は〕未知の自由な世界が眼前に開かれている場所だった。（中略）カフェに通うことで、外の世界では何者でもない者も、自分の存在に再び価値と自信を取り戻し、安心して追求したい世界に向かっていけるのである。（同前）

カフェと街中を行ったり来たりするように、プールと海を何度も往復する。身体が冷えてきたら陸《おか》に上がる。気温が三二度にもなるこの日、陽射しは強烈だ。身体は瞬時にあたたまり、またもやプールに浸かっては、海で泳ぐ。そうして頭を空っぽにして水と戯れていると、あっという間に時間が過ぎ、帰りのバス時刻が迫る。

路線バスの本数は少なく、一五時四〇分頃のバスが最終になる。岩陰で水着を脱ぎ、濡れた身体を拭くこともなく、ズボンとTシャツに着替える。強烈な陽射しは、またたく間に身体を乾かしていく。

曲がりくねった海岸に沿って、バスが遠くからゆっくりと近づいてくる。くたくたに疲れた身体をがらんとしたバスに放り込む。あとは武生駅まで、冷房の利いた空間に身をゆだねるだけ。バスもプールと同じく、何の心配事もない囲われた空間だ。

がたがたと心地よく揺れるバスは、すぐさま眠気を誘う。海水浴場を訪れると、いつも遠い夏の日を思い出す。何も思い煩うことがなかった幼き夏の午後のように、大人も無心で落ちたい。懐かしき、まどろみの中へ。

三つ葉のような三つのプール――間人親水プール（京都府京丹後市）

さらに西へ向かおう。米ノ海水浴場から武生駅へ戻り、JR北陸本線で敦賀《つるが》駅へ出る。小浜《おばま》線に乗り換えて京都府に入り、東舞鶴《ひがしまいづる》駅で降りて一泊する。

翌日は五時台の始発から、またもや移動を開始する。西舞鶴駅から京都丹後鉄道に乗り換えて、峰山《みねやま》駅（京丹後市）へ。ここから、さらに路線バス（循環線）に乗り換える。田園風景を眺めつつ四〇分ほど揺られると、ようやく丹後半島の北岸にある集落、間人《たいざ》（京丹後市）に到着した。

今回の旅は、ここが最終目的地だ。

地名である間人を「たいざ」と読むのは、聖徳太子の母・穴穂部間人皇女《あなほべのはしひとのこうじょ》が乱を避けるためにこの地に滞在し、のちに退坐《たいざ》したことに由来するといわれている。

バス停の「間人」から海岸までは、三〇〇メートルほどと近い。海岸に出ると、すぐに間人親水プールがあった（カラー写真三頁下）。岩礁をくり抜いて、縁をコンクリートで整備した海のプールだ。

ぱらぱらと家族連れの姿が見える。まだ九時前なので、心ゆくまで海に浸かりたい。

それにしても、どうだろう。間人親水プールは、全国でも類を見ない形状をしている。水深の異なる三つのプールが、三つ葉のクローバーのように一つに束ねられている。おおよそ直径四〇メートルの円の中に、三つのプールが存在しているのだ。プールの縁が描く曲線は、リゾート施設のスパを思わせる美しさ。各プールは馬の蹄《ひづめ》のように三方だけが囲われており、開口部から緩やかに海水が流れ込む仕組みになっている。

洗面所や更衣室といった施設は何もないので、岩陰でいそいそと水着に着替えて水に浸かる。各プールの縁には手すりが設けられ、プールに入りやすい。まさに親水――誰もが水に親しみやすいプールだ。澄んだ水の温度は二六度ほどで、冷たさはちょうどいい。

（海に向かって）手前と右側のプールは、小さな子どもでも気軽に愉しめる。水深は一メートル未満で、水底もコンクリートで整備されている。

左奥のプールは大人向けだろう。少し沖へ泳ぐと、二メートル以上の深さになる。ここだけは水底が天然で、岩場にウニがたくさん張りついている。

周りの人に尋ねてみると、京都、大阪、奈良など近畿圏から訪れていた。みな小さな子どもを連れており、「ここの海なら安心して遊ばせられるから」という。

役所によると、ここはもともと天然の潮だまりで、近くにある丹後小学校（旧・間人小学校）の「プール」として、昭和四〇年代のはじめ頃まで利用されていたという。岩礁を掘ってコンクリ

間人親水プール

絶景度　★★★★★
天然度　★★★★
透明度　★★★★
魚影　★★★
京都府京丹後市丹後町間人
寸法：直径約40m
水底：一部造成
竣工：1992〜98年

ートで整備したのは、一九九二年から九八年にかけてのこと。海岸一帯の整備事業の一環として、地元の人が海に親しめるよう、間人親水プールがつくられた。スパのような珍しい形状をしているのは、当初からある潮だまりの形を活かしてつくられたためだ。

三つのプールを何度も行き来して、泳ぎ疲れてはプールサイドで休息する。

帰りのバス時刻の関係で七時間ほど滞在していた私は、最後は最も浅いプールで、仰向けになってほとんど眠るようにして、身体を水に浮かべていた。

雲が流れていく。

東京から駆け足で、ずいぶん遠くまで来たような気がする。

ある本のことが、頭に思い浮かぶ。

アメリカの作家、ジョン・チーヴァーの『泳ぐ人』（原題：*The Swimmer*）だ。

一九六四年に発表された短編小説で映画化もされており、ご存じの人も多いだろう。いわば「庭園の飛び石」を伝って歩くように、いくつものプールを伝って泳ぐ物語だ。

彼の頭にふとある考えが浮かんだ。ここから南西に向けてジグザグに進んでいけば、泳ぎながら家に帰れるのではないか。（中略）それは美しい日だったし、長く泳ぐことでその美しさを拡大し、祝福できるかもしれないと彼は考えた。

（「泳ぐ人」『巨大なラジオ／泳ぐ人』村上春樹訳）

それは点在するプールを線で結び、計一五ものプールを「はしご」するように伝って、自宅まで泳いで帰るというプランだった。「非凡な道筋で帰宅することは彼を、巡礼者や探検家や、あるいは運命を担った人になったような気持ちにさせた」（同前）とあるように、プールを伝う旅はスリリングな営みに思える。

主人公の彼はプールの端から端まで泳ぎ切ると、生け垣を越え、芝生や空地を抜け、道路を横切っては、また次のプールで泳ぐ。行く先々のプールで知人と挨拶を交わしては、そそくさと退散して次のプールへと歩を進める。やがて陽も暮れ、身体は冷え切り、疲れ果てて自宅に戻ると、予想だにしない結末が待ち受ける。

妻と娘の姿はどこにもなく、真っ暗な家の中は空っぽ――だった。プールを伝う夏の一日が「長い歳月の経過」のようにも感じられる、不思議な物語だ。

予期せぬ結末はさておき、『泳ぐ人』のようにプールを「点」としてではなく、「線」として捉

プールの右奥にある建物は丹後小学校

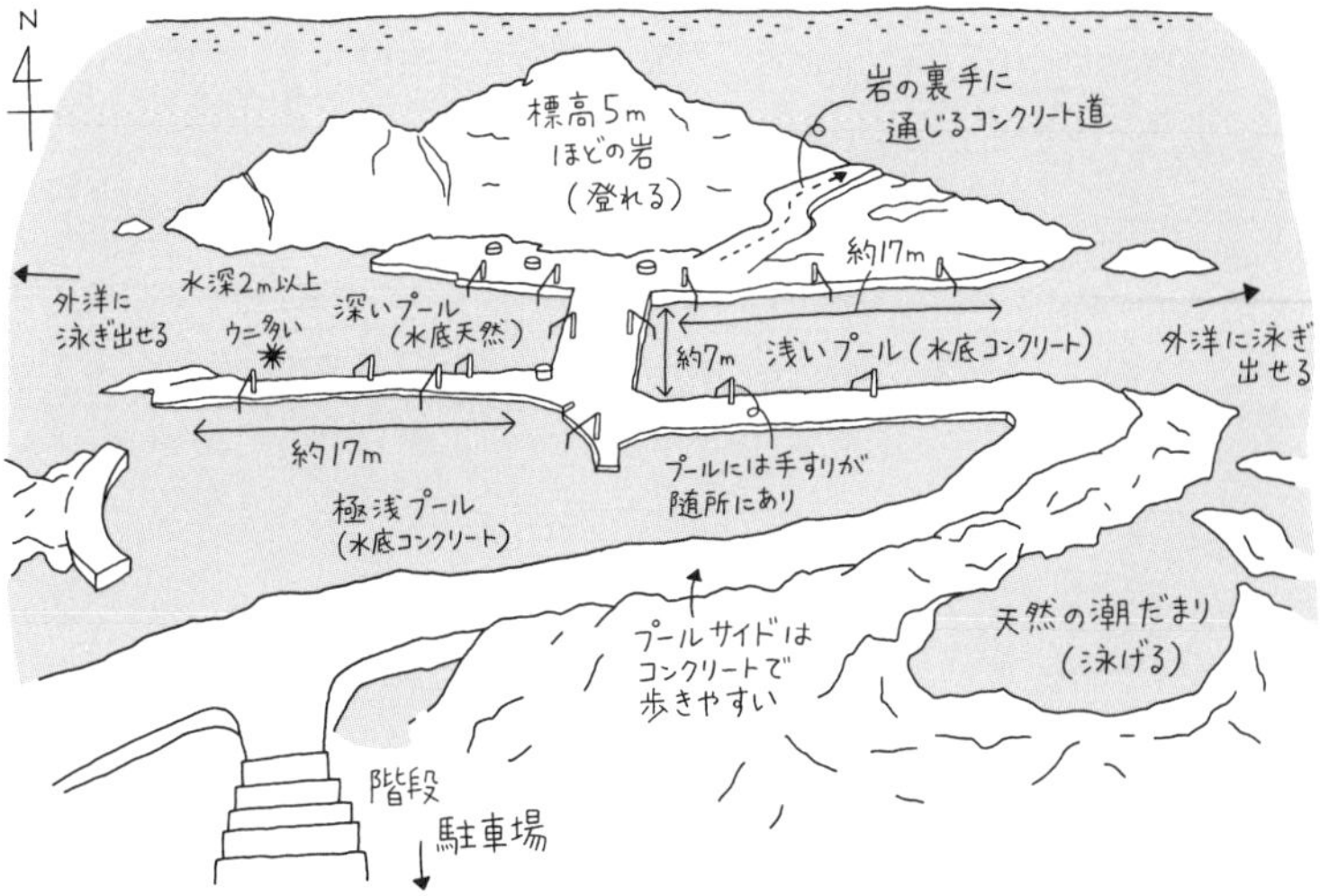

間人親水プール

えたい。私が石川県、福井県、京都府と海のプールを「はしご」するように伝ったのは、この物語に惹かれていたからに違いない。

行った先々のプールには、それぞれ異なる個性がある。プールから上がると、得もいわれぬ充足感を覚える。そして、もっと別のプールでも泳ぎたいという衝動が生じる。プールを伝えば伝うほど、俗世にまみれた自身の「澱《おり》のようなもの」が洗い流されていくようにも感じる。

水泳選手が競技を終えた際、プールに向かって一礼する姿は美しい。それは儀礼的なものではなく、「(美しい環境で)泳がせてもらった」という感慨だろう。私たちもプールを伝えば伝うほど、その凛々しい心情が見えてくるのではないか。

プールの去り際は、いつも名残惜しい。と同時に、気づけば心の中でそっと手を合わせたくなる。

ローカル線沿いのプール巡礼

〝一〇〇メートルの極浅〟を平泳ぎ――千畳敷天然海水プール（青森県深浦町）

美しい海岸を走るローカル線――といえば、ＪＲ五能《ごのう》線を思い浮かべる人も多いだろう。青森県の川部《かわべ》駅と秋田県の東能代《ひがしのしろ》駅を結び、（総延長）約一五〇キロにもなる風光明媚な路線だ。二〇二二年の八月に五能線を使って、日本海側の海のプールを巡る「はしご」旅を予定していた。

しかし、八月上旬に記録的な大雨が東北を襲った。線路への土砂流入や倒木、鉄橋の損壊など大きな被害が生じ、五能線は運休となった。お盆を前にした繁忙期でもあり、地元の苦悩は察するに余りある。しばらくは推移を見守っていたものの、復旧は長らく見込めなかった（追記：同年

一二月二三日に五能線は全線復旧)。

海水温や海況を考えると、夏が過ぎて秋が深まるほど、東北の海で泳ぐことは困難になる。そのため、今回は五能線の復旧を待たずして旅立つことにした。新青森駅で車を借り、五能線沿線にある三箇所のプールを一日で巡ることにした。やはり車を使っての「はしご」旅は旅情として物足りないものの、今回は仕方ない。五能線が復旧した夏に、また出直そう。

九月下旬の平日、台風が過ぎ去った快晴の日。まずは上野駅から新幹線で新青森駅へ向かう。そして新青森駅から車で一時間半ほど走り、千畳敷海岸《せんじょうじき》(深浦町《ふかうら》)へ。千畳敷海岸は(畳が千畳も敷けるという)平らな岩礁が広がる名所だ。運休中である五能線の千畳敷駅もすぐそばにある。

かつて五能線に乗って千畳敷を訪れた作家の太宰治は、千畳敷の情景を綴っている。

「特に難解の雰囲気は無い。つまり、ひらけているのである。人の眼に、舐められて、明るく馴れてしまっているのである」(『津軽』)と、軽い皮肉を交えつつ独自のおかしみで描写している。『津軽』は紀行文というよりも自伝的小説でありながら、五能線の旅がいかにも愉しかった様子が窺える。

さて、国道沿いにある千畳敷の駐車場から東へ五〇〇メートルほど歩くと、海岸に奇岩「かぶと岩」が見えてくる。その手前には、巨大なプールがある。千畳敷天然海水プールだ(カラー写真三頁上)。平らな岩礁を掘って、低いコンクリートで海を囲っている。「海の競泳プール」といった外観で、特筆すべきはその大きさ。一〇〇×二二メートルもある。

千畳敷天然海水プール

絶景度 ★★★★★
天然度 ★★★★
透明度 ★★★
魚影 ★★
青森県西津軽郡深浦町北金ケ沢
寸法：100m×22m
水底：造成
竣工：1991年

千畳敷天然海水プールは、観光振興の一環として一九九一年につくられた。建設費は二七〇〇万円だったようで、破格の安さだ。通常は一般的な二五メートルの屋外プールでも、建設費は億単位になるといわれている。やはり自然の地形を活かした海のプールは素晴らしい。建設コストがぐっと抑えられるだけでなく、水道や電気代、塩素による水質管理も必要ない。

プールの水温を測ってみると、二三度。まだ昼前で、穏やかな水をたたえたプールには誰もいない。これ幸いと人目を気にせず水着に着替え、上半身だけ二ミリ厚のウエットスーツを纏《まと》う。気温が二〇度に届かず風も吹いているため、海から上がった際の寒さ対策だ。

プールの水は台風で巻き上げられた砂のせいで、極度に濁っていた（翌朝に訪れてみると、見違えるほどに澄んでいた）。濁りで魚影を目視することはできない。それでも冷たい水は心地よく、プールの底を這うように平泳ぎでゆるゆると泳ぐ。そう、千畳敷天然海水プールはかなり浅く、膝上くらいの深さしかない。小さな子どもの遊び場として安全性を重視したのだろう。クロー

全長100mの広大なプールはフラットで開放的

ルで泳ぐと、腕が水底にぶつかってしまう。

思い返すと数年前の夏にも、五能線の旅で千畳敷天然海水プールを訪れていた。かなり浅いことを認識したため、当時の私は水着に着替えなかった。裸足になってズボンをまくり上げ、プールに足を浸けた。これで十分かな、と。振り返ってみると、なぜ億劫がって水着に着替えなかったのか理解に苦しむ。たとえ浅くても、身体を横にすれば浮遊する。海に浸かりながら眺める景色は、陸上から眺めるものとは異なる。海と一体化する感覚によって、周囲の風景は新たな彩《いろど》りを帯びてくる。

高い空の下、四方を囲まれた安心感とともに泳ぐ。遠くに目をやれば、北海道の松前半島が望める。それにしても、一〇〇メートルのプールは広い。二五メートル、あるいは五〇メートルの競泳プールに慣れ親しんでいると、感覚が狂う。泳いでも泳いでも、プールの端が一向に近づいてこない錯覚を覚える。

それは日頃では味わえない、贅沢な感覚だ。

このまま延々泳ぎつづけたいものの、台風一過の青空は、どこか美しすぎて焦りをもたらす。変わりやすい秋の空、この日の好天は貴重だと、澄んだ空は諭すかのようだ。名残惜しいものの、先を急ごう。今回は三箇所のプールを巡る「はしご」旅だ。

被災して不通となっている千畳敷駅を横目に見ながら、駐車場へと戻る。列車が行き来する気配が消えた駅やレールは、ひっそりとした物悲しさをたたえている。五能線が復旧した暁には、郷愁を誘うような列車の走行音がプールにも響きわたることだろう。

次の夏は、のんびりと列車に揺られたい。千畳敷駅に降り立てば、そこはもう海だ。

日本海と一体化した開放感——岡崎天然海水プール（青森県深浦町）

千畳敷海岸から海沿いの国道一〇一号を南下する。まだ夏の名残をたたえたような明るい海に胸が躍る。二十数キロ走ると、次の目的地である岡崎《おかざき》天然海水プールに到着した（カラー写真三頁中央）。ここは深浦駅から西へ約二・五キロ離れているため、五能線を使った際は駅からタクシーか路線バスを用いる予定だった。岡崎海岸には「弁天」というバス停が近くにある。

岡崎天然海水プールは千畳敷海岸のプールと同じく、海岸に広がっている岩礁を掘り、コンクリートで囲ったもの。弓なりの海岸線にあるため、プールは台形（逆扇型）になっている。大きさ

岡崎天然海水プール

絶景度 ★★★★★
天然度 ★★★★
透明度 ★★★★★
魚影 ★★★★
青森県西津軽郡深浦町深浦岡崎
寸法：約90m×30m
水底：造成
竣工：1988年

は九〇×三〇メートルほどと広大だ。監視員のいる海水浴の時期（海水浴場開設期間）には流水（ウォーター）スライダーが設けられ、更衣室やシャワーなどの施設も開かれる。

後日、役場に問い合わせたところ、二〇二二年の海水浴客は一二二六人だったという（七月中旬から八月中旬。同時期の千畳敷天然海水プールは五二八人）。

今回訪れたのは九月下旬のため、施設は閉まっている。閑散とした海岸には、誰もいない。人目なしと判断し、そそくさと水着に着替えてプールに浸かる。水温は千畳敷海岸と同じく二三度ほど。台風で濁っていた水が鎮まってきたようで、海は澄みわたっている。プールの水深は千畳敷海岸より少し深く、一メートルほど。比較的浅いものの、クロールでも十分に泳げる。

秋晴れの下、誰もいないプール。ゴーグルをつけて水中を覗くと、チヌ（クロダイ）やクサフグが迎えてくれる。清らかな水に包まれていると極楽だ。泳ぎ疲れたら、水に浸かりながらプールの縁で休む。沖合からうねりが押し寄せると、勢いよく波がプール内に流れ込んで身体を揺さぶる。千畳敷海岸も岡崎海

プールの縁は低く、外洋（左側）から海水が流れ込む

岸のプールも、海を囲うコンクリートが低い。壁のように囲っているのではなく、海面からわずかな高さしかない。この控えめな設計のおかげで、プールは天然の趣が濃くなる。水の循環に優れてプールの透明度が高くなるだけでなく、視界もいっさい遮られない。沖に広がる日本海と一体化している開放感は、やはり海のプールならではだ。

岡崎海岸のプールがつくられたのは、一九八八年のこと。千畳敷海岸のプールと同じく、観光振興が主な目的だった。それにしても、どうだろう。海岸の地形を利用した海のプールは全国的に稀少なのに、深浦町には海のプールが二つもある。いずれも巨大で風光明媚なプールだ。役場によると、当時は岡崎海岸だけでなく千畳敷海岸の利用者も増えていたため、追って二つ目となる千畳敷海岸のプールも建設されたという。

深浦町の長い海岸線（約八〇キロ）は、どこからでも素晴らしい夕陽を眺めることができる。そのため地元では、海岸一帯を「夕陽海岸」と謳っている。西に開けた海岸線に午後の太陽を遮るものは何もない。澄んだ空から、さんさんと陽光が降り注ぐ。

ただ一五時を回ると、太陽がわずかに傾きはじめる。心は急く。先を急ごう。まだ最後の目的地が残っている。

水着を手早く脱いで着替え、車に乗り込む。

国道一〇一号をさらに南へ向かおう。

車を走らせていると、太陽は西陽となって片頬をじりじりと照らす。

込み上げる寂寥──岩館海浜プール（秋田県八峰町）

国道を南下すると、青森県から秋田県に入る。五能線の被災と同じく、道路も大雨による土砂崩れなど、大きな爪跡が随所に残っている。片側を交互通行にした復旧工事が各所でおこなわれているため、工事信号による対向車待ちが頻繁に生じる。

白神《しらかみ》山地が海にせり出すように迫り、森と海に挟まれながら車を走らせる。岡崎天然海水プールから南へ約三五キロ、ようやく「はしご」旅の最後の目的地に到着した。

ここは秋田県北西部の八峰《はっぽう》町にある、岩館《いわだて》海浜プール（カラー写真四頁上）。五能線の岩館駅から

岩館海浜プール

絶景度 ★★★★★
天然度 ★★
透明度 ★★
魚影 ★★
秋田県山本郡八峰町八森和田表
寸法：約140m×70m
水底：造成砂浜
竣工：1984年

近く、道のりで一キロに満たない。当初の予定では、駅から歩いてプールを訪れようと考えていた。

時刻はもう一六時を回り、西陽がプール一帯を照らす。岩館海浜プールは、海を防波堤で囲って砂浜を造成したもの。深浦町のプールとは異なり、ここは防波堤が巨大なだけに、人工的な趣が濃い。とはいえ、誰でも安心して泳げる海のプールは貴重なものだ。

岩館海浜プールは一九八四年につくられ、大きさは一四〇×七〇メートルほどと巨大なもの。ただプールは茫々《ぼうぼう》とした日本海にポツンとあるため、相対的に小さく映るから不思議だ。

傾いた太陽が水平線に近づいていく。秋の夕陽は、海の色を鈍色《にびいろ》に変えていく。プールにある更衣室や洗面所といった施設は海水浴の時期（七月中旬から八月中旬）を除けば閉鎖されており、辺りは季節外れの寂寥《せきりょう》感が漂っている。気温は下がりはじめ、さわさわと撫でる風がやや肌寒い。

周囲に人影はなく、堤防で竿を垂らす人の姿が遠くに見えるのみ。釣り人はこちらに背を向けているため、失礼はないだろ

プールには防波堤が長く延びる

う。肌寒い海に入る気力を奮い立たせるように、服を勢いよく脱いで、びしょ濡れの水着に着替える。

さらさらの砂浜から、太陽の輝きが失われつつある鈍色のプールへ。

ああ、やはり少し冷たい。夕刻のせいか、水温を測ると二一度。気温は一五度ほど。プールは防波堤の取水口から砂が入り込むようで、どこも砂がたまっていて浅い。膝上くらいの水深しかないため、プールの底すれすれを這うようにして泳ぐ。

ゴーグルをつけて水中を覗いてみても、明るさを失ったプールでは、ぼんやりとした水底しか捉えることはできない。目を凝らした限りでは、おそらく魚影は薄いだろう。

後日、役場に問い合わせてみると、例年海開きの前にたまった砂を重機で掻き出しているそうだ。

プールを囲う防波堤の高さは、二、三メートルほどある。この防波堤が外洋の波を防いでくれるものの、泳いでいると沖合の視界は遮られる。水平線に近づく太陽も防波堤に遮られ、プールに大きな影をつくる。刻々と影が大きくなるプールは、海から上がれと急かすかのようだ。

砂浜に上がり、冷えた身体を夕陽にさらす。

不意にとめどなく寂寥感が込み上げてくる。

何だ、この寂しさは。

季節外れの海、橙色を帯びた夕景に包まれていると、忽然《こつぜん》と心象風景が変わる。最後の目的地に辿りついたというのに、切ない思いだけがわき上がる。

それは、不思議な心象だ。たった一日でプールを巡った「はしご」旅なのに、一日で「長い歳月」が過ぎ去ってしまったような寂しさを感じる。真昼の千畳敷海岸のプールでは夏のような明るさを満喫し、午後の岡崎海岸でもまだまだ輝きを失わない海に身をゆだねていた。なのに日没が近づく岩館海岸では、一気に時計の針、いや歳月の針をぐるぐると早回しにしてしまったような錯覚を覚える。

一日にして人生の季節を駆け抜けてしまった——そんな悲しみだ。「はしご」旅は、いわば駆け足の旅。なのに、なぜ一日という短い時間が、かくも長い時間、長い歳月の経過のように感じられるのか。

やはりここでも、ジョン・チーヴァーの『泳ぐ人』を思い起こさずにはいられない。おそらく著者自身も、実際に一日でいくつかのプールを「はしご」したのではないか。そのことが創作の原点となったのではないか。午後の時刻が遅くなるにつれて、光線や空の色は加速度的に変化していく。夕方、あるいは日没のプールに辿りついた際、不意の悲しみに著者自身が襲われたのではないか。日中には永遠に思えた陽射しが、一気に衰えて消え失せていく。浦島太郎の玉手箱と同じく、一日にして何年もの齢《よわい》を重ねたような寂寥が込み上げたに違いない。

「はしご」旅というのは、不思議だ。一箇所のプールや海岸で長居しても、時間の感覚はあまり狂わない。なのに移動を繰り返してプールを伝うと、時間感覚が狂ってくる。移動が「人生の歩み、歳月」、夕景のプールが「齢を重ねた心象風景」のように思えてくるからだろうか。あるいは「移動」「新たな場所」という急激な変化や刺激が、「人生を加速度的に推し進めた感覚」を呼び起こすからだろうか。

橙色の空は、茜色へと変わっていく。

一七時半を過ぎたので、もう帰ろう。

今夜の宿は、五能線の陸奥赤石《むつあかいし》駅（鰺ケ沢町《あじがさわまち》）の近くにある。来た道を折り返し、国道をざっと七〇キロは戻らなければならない。

片側交互通行の工事信号が頻繁に現れ、帰り道を長く感じさせる。太陽が水平線に沈むと、海は濃紺から漆黒へと変わっていく。それでも水平線には茜色の残照が、長らく残る。国道沿いの深浦駅を過ぎ、五能線の驫木《とどろき》駅（深浦町）に立ち寄る。ここは海のすぐそばにある無人駅として広く知られており、私も何度か乗り降りした思い出深い駅だ。

時刻は一八時半。水平線の残照も消え去って、夜の闇が誰もいない木造駅舎をすっぽりと包む。五能線の運休中は代行バスが運行されているため、列車が来ない駅舎にも（バスの待合所として）灯がともっている。いや、よくよく観察すると、駅舎だけでなくホームにも灯がともっている。駅や線路を照らす灯は、復旧に向けた希望の象徴のように映る。

再び宿へ車を走らせながら、これからのことを想像する。鉄路が復旧した夏は、五能線に揺られよう。海のプールを伝っては、がたごとと列車に揺られて眠りたい。

断崖に浮かぶ「小さな海」——侍浜海水プール（岩手県久慈市）

八戸《はちのへ》駅（青森県）と久慈《くじ》駅（岩手県）を結ぶＪＲ八戸線も五能線と同じく、美しい海岸を走るローカル線として知られている。この沿線に侍浜《さむらいはま》海水プールという、美しい海のプールがある（カラー写真四頁下）。本来は鉄道で訪れたいものの、侍浜駅からプールまでは道のりで約六キロもある。路線バスもプールの近くには通じていない。そのため、久慈駅前で車を借りてプールへ向かうことにした。

八月上旬（二〇二二年）に五能線が被災したように、この夏の天候はすこぶる不順だった。八戸線あるいは三陸鉄道を使って久慈駅に降り立ちたかったものの、不順な天候では「明日の晴れ予報が好機」と、直前に東京から旅立つしかなかった。

上野駅から早朝の新幹線に乗って二戸駅へ。そこからバスに揺られ、久慈駅には一〇時半に到着した。

過去に何度か久慈駅を訪れた際は、名物駅弁の「うに弁当」を食すのが愉しみだった。そのため今回も三陸鉄道の駅で購入する。「幻の駅弁」と呼ばれるほど一日につくられる数量が少なく、購入できる機会はありがたい。

八月下旬、久慈駅から緑の丘陵を縫うようにして車を走らせる。

が、車を用いるとあっという間に目的地に到着してしまうので、やや味気ない。久慈駅から道のりで一五キロほどの距離だ。侍浜海水プールは、キャンプ場である北侍浜野営場に隣接している。野営場には洗面所や更衣室があり、コインシャワーも設けられている。野営場から遊歩道をぽつぽつ下っていくと、海の気配が近づいてくる。太平洋に面した一帯は久慈市の北部に位置し、断崖がつづく険しい海岸だ。

アカマツの林を抜けると、ぱっと視界が開け、広々とした侍浜海水プールが目に飛び込んでくる。プールは海に面した崖上にある。海岸（崖上）の岩場のくぼみを利用し、くり抜いて底を平らにしたものだ。プールの周囲はコンクリートで整備され、プールサイドになっている。

この日は気温二八度ほどの快晴。空は青く、水色のプールの沖には群青色をした海が広く見わたせる。いわばプールは、断崖に浮かぶ「小さな海」だ。崖下の海までは一〇メートルほどの高

侍浜海水プール

絶景度　★★★★★
天然度　★★★★
透明度　★★★★
魚影　★★
岩手県久慈市侍浜町向町
寸法：約40m×20m
水底：造成
竣工：1986年

低差があるため、海と一体化しているというよりも、天空のプールといった趣だ。

岩場に囲まれた穏やかなプールの水面はきらきらと輝き、早く早くと手招きをする。何もあわてる必要はない。けれども、ついつい惹き込まれて早々に入ると、身体に緊張が走る。意外にも冷たい。ただ水温を測ってみると、二三度ほどと低くはない。気温との差によって冷たく感じられるものの、いずれは順応できる水温だ。

プールは長方形で、四〇×二〇メートルほどの大きさ。プールはブイで仕切られており、海に向かって右側は子ども用で浅く、左側は大人用で深い。深いといっても一・五メートルほどなので、気楽に泳げる。

時刻は一一時を回った頃。快晴の日曜日ということもあって、三〇人ほどがプールを訪れていた。プールが開設されるのは、七月中旬から八月末まで。あと一〇日で今夏のプールは終わってしまう。残りの日が晴れるとは限らないため、貴重な晴天の休日だ。小さな子どもを連れた家族が多く、静かなプールに子どもの歓声が心地よく響く。中高年の私は、心の中で悦びの声を上げる。海況が穏やかなこの日、崖上のプールには波音がほとんど聞こえてこない。

父親に手を引かれた小さな女の子は、プールサイドを歩きながら親に問いかけていた。

「ねぇ、ここは海じゃないの」

父親は言葉を返す。

「ううん、海だよ」

間髪を容《い》れずに女の子はまた尋ねる。

「ねぇ、ここは海じゃないの」と。

子どもの感覚は鋭い。確かにここは海であって、海ではない。いわゆる子どもが恐怖を感じるような海ではない。急に深くなることもなければ、波もない。子どもは「恐怖とは無縁のプール」がうれしくて、しきりに「ここは海じゃないの」と確認したかったのだろう。

ひとしきり泳いでは、プールサイドで身体をあたためる。八月下旬ながら陽光は秋のようなやわらかさで、身体を包む。沖合に目をやると、「太陽のマーク」が描かれたフェリーが航行している。茨城県の大洗《おおあらい》港を発って、北海道の苫小牧港に向かう船だ。

おもむろに、持参した「うに弁当」を広げる。うには惜しげもなく、弁当一面に敷き詰められている。さんさんと陽が降り注ぎ、目の前には輝くプール、そして弁当。この瞬間を少しでも永らえるべく、いや単に勿体《もったい》ないので、ゆっくりゆっくり頬張る。

プールは外洋に面した崖上にある

プールには監視員が一人だけ滞在しており、話を伺う。

今夏のピークは、一日に二〇〇人が訪れたとのこと。お盆は過ぎたものの、晴天なので今日は一〇〇人くらいかなという。利用者は久慈市や八戸市の住人、帰省客が多いそうだ。監視員によると、一組の外国人は三沢基地のアメリカ空軍で働いている家族とのこと。キャンプとプールを組み合わせて、毎年訪れているという。

うれしそうに話してくれたのは、二三度ほどある水温のこと。「こんなに海水温が高いのは、(今夏)はじめてくらいだよ。海水浴にちょうどいいから」と。七月は水温一八度の日もあったという。

ただ侍浜海水プールを訪れる人は、少しずつ減ってきているようだ。監視員によると、かつてのピーク時には一日に七〇〇人が詰めかけたこともあったという。後日、役所に尋ねると、二〇二二年の利用者は一八五一人だったそうだ。

侍浜海水プールがつくられたのは、一九八六年。海岸一帯は岩場が多く、海は深いため、海に触れ合える場所としてプールが整備された。かつての賑わいが失われつつあるのは全国的な傾向と同じく、レジャーの多様化が影響しているのだろう。加えて少子高齢化や（近年に多い）不順な天候といった要因もあるだろう。監視員も「とにかく子どもが減っているからねえ」という。監視員の子どもや孫も、東京で暮らしているそうだ。

監視員は一人だけなので、何かと忙しい。虫取り網のようなもので、プールに紛れ込んだ藻を探してはすくい取る。「そろそろ体力的には引退したいけど、プールを手伝ってくれる人はなかなか見つからなくて」という。

侍浜海水プールは、維持管理に手間暇がかかる。というのも、ここは崖上にある海水プール。そのため、崖下からポンプで海水を汲み上げては排水している。監視員がしきりに藻を取り除いていたのは、海に流れていた藻がプールに入り込んだためだ。

プールの開設期間が終わると、プールの水は抜かれて空《から》になる。急な崖上ゆえに、ポンプで汲み上げられる水の量は多くなく、満水にするには十数時間かかる。海が荒れて濁った際は、プールも濁る。一度プールが濁ってしまうと、水を入れ替えるのに時間がかかる。そのため監視員は夜中にポンプを動かして、水の入れ替えをしたこともあるそうだ。

監視員は定年まで東京の会社で働いていたという。今も東京で暮らす子どもたちは「孫の顔が見られるのも長くないんだから」と、故郷に戻った親を東京に呼び戻したいようだ。それでも監視員は「（時給の）お金じゃ全然ないよね。ただ（プールを訪れるたくさんの）子どもらに悦んでほしくて」と、訥々《とつとつ》と語る。かつて自分の子どもを侍浜海水プールに連れてきたこともあったそうだ。その際の（わが子の）悦びようは、今も忘れられないという。

そう、公共のプールというのは、人の思いによって支えられている贅沢な空間に他ならない。加えて侍浜海水プールでは、入場料も駐車料も課されない。

三時間ほど遊び、網でプールの藻を取り除いている監視員に別れの挨拶をする。（忙しいところ）長らく話を聞かせてもらったことを詫びると、笑顔で応えてくれる。

「日頃はプールで誰とも口を利かないことも多いから、今日はいろいろ訊《き》いてくれてうれしいよ。またお目にかかりましょう」

やはりプールは、見守ってくれる人、支えてくれる人によって彩られる。

別れ際の言葉は、清らかなプールをひときわ輝かせる。

第2章
海のプール
離島編

毎朝プールをひと泳ぎするたびに、自分が死に近づいていることをひしひしと感じる。しかし目指すゴールに到達するために力強く前に進み、水をひとかきするたびに、あなたは自分が生きているという強い実感を得るだろう。

クリストファー・ビーンランド編『POOL』大間知知子訳

海のプールとその周縁

景観、透明感……すべてが至高——あやまる岬海水プール（鹿児島県奄美市）

奄美大島のあやまる岬には、「海水プール」と呼ばれている海のプールが存在する（カラー写真四頁中央）。

「あやまる」というのは「謝罪」ではなく、岬の形が「綾《あや》でできた毬《まり》のように真ん丸」であることに由来するという。あやまる岬は、島の北部にある奄美空港の近くに位置している（空港から道のりで北へ五キロほど）。

七月上旬、飛行機は定刻より大幅に遅れて奄美空港に到着した。台風が島をかすめながら北上

あやまる岬海水プール

絶景度 ★★★★★
天然度 ★★★★★
透明度 ★★★★★
魚影 ★★★★★
鹿児島県奄美市笠利町須野
寸法：約75m×50m
水底：ナチュラル
竣工：1985年

中という荒れ模様の天候だった。あやまる岬には路線バスが通じているものの、強い風や雨に悩まされるかもしれず、空港で車を借りることにした。

あやまる岬に到着すると、もう一六時半だ。台風の影響で灰色の雲が垂れ込め、風が強い。人影もなく、物寂しい風景に映る。

ただ岬の先端にある海のプールは、しごく穏やかな水をたたえていた。プールは、海岸一帯に広がる平らな岩礁（リーフ、珊瑚礁）をくり抜いてつくられている。海岸は広大なリーフに囲まれているため、海が深くなるのは二〇〇メートルほど先の沖合だ。干潮を過ぎた頃のため、プール周辺のリーフは膝下くらいの深さしかない。もし人工的に（重機を用いて）リーフを掘っていなければ、潮が引いた海岸は浅くて到底泳げない。

海のプールは一九八五年度の公園整備事業でつくられた。岬一帯は「あやまる岬観光公園」として、プールやアスレチック、芝スキー、遊具などが整備され、憩いの場所になっている。公園内の洗面所にはシャワーも併設されている。

夕暮れが迫るものの、海のプールに入ってみよう。プールの前は駐車場となっており、車内で着替えを済ませる。白砂の浜をじゃりじゃり進むと、すぐ目の前にプールが広がる。

プールには桟橋のようなコンクリートの一本道が、沖へ延びる。人工物としてつくられているのは、この一本道だけ。一本道の左側が大人用、右側が子ども用のプールとはいえ、いずれも腹が浸かる程度の浅さ。プール全体の大きさは、七五×五〇メートルほどある。

そっと水に浸かると、水温は気温と同じく二七度ほどで心地いい。プール底のさらさらの白砂は、水の透明度を際立たせる。リーフを掘った際、水底は自然と白砂になったそうだ。湖面のように穏やかなプールをゆるゆる泳いでは、仰向けになって浮かぶ。沖側のリーフから海水が不断に流れ込むため、プール内は淀むことなく透明度の高さを保つ。

魚影の濃さも魅力だろう。三〇センチ大のチヌ（クロダイ）は、闖入《ちんにゅう》者をじっと観察しているように映る。チヌを脅《おびや》かす存在ではないことを証明したく、そっと泳いでチヌに近づくものの、ぷいと逃げられる。オキナメジナやオヤビッチャなども群れている。

やはり海のプールの安心感は格別だ。台風の影響で沖合の海は荒れている。夕方の誰もいない海は薄暗く、どんよりとしている。いかにも寂しい雰囲気で、本来であれば海に入る気力がわかない。それでも、ひとたび海のプールに浸かれば、穏やかな極上の空間だ。

この日は七月上旬の日曜日。思えば五、六月は仕事が山積してしまい、ほとんど休めなかった。日頃フリーランスとして働く私は、各出版社の書籍を編集したり、旅や海に関する文章を書い

プールの岩陰に群れるオキナメジナとオヤビッチャ

たりしている。当時は延々と自宅での作業がつづき、不摂生そのものだった。そんな凝り固まった心身が、海のプールでみるみるほぐれていく。ただ水に浸かって浮かんでいるだけで、心も身体も軽くなる。

ただ調子に乗ってはいけない。

海で心身が軽くなる。そうしてまた日頃の仕事に戻ると、やがて何かしら心身の違和感や不調が生じてくる。私の場合はデスクワークの時間が極端に長いため、加齢や姿勢に伴う肩や腕、腰の痛みが生じやすい。

そうして、ひどく落胆する。せっかく海で心身が軽くなったというのに、その効果の持続はかくも短いものなのか、と。わずか数日で、旅の軽やかな余韻は消え失せてしまうのだ。できれば毎日でも海に浸かりたいものの、さすがに時間とお金には限りがある。

でも、どうだろう。

昨今は、そんな悩みも軽減できるようになった。

たとえ海に行けなくとも、海はある。

海は「つくることができる」のだ。

塩化マグネシウムという海

海のプールから逸れるものの、ここで「海に行けないときの海」について考えてみたい。

そのために、まずは海に浸かる歴史をざっと振り返ろう。

日本では平安時代の頃から潮湯治《しおとうじ》や潮浴《しおあみ》と呼ばれる海水療法があり、疫病治療などに効果があるとされてきた。海に身を浸けたり、沸かした海水を風呂水にして用いた。源頼朝や鴨長明も海水療法で病を治したといわれる。いわば温泉のように海水を用いてきた歴史だ。

そして江戸後期から明治初期には、日本にも海水浴が伝播した。海水浴は一八世紀中頃のイギリス（イングランド南東部のブライトン）が発祥といわれる。潮湯治と同じく、初期の海水浴も医療的な効果を目的としていた。明治の中頃以降になって、ようやく行楽や娯楽へと変容していく。

一八八五年に大磯海水浴場（神奈川県）が開設され、以降も続々と各地に海水浴場がつくられていく。戦前の海水浴ブームは、一九三五年頃にピークを迎えたようだ。戦後になって海水浴が復活するのは（食糧事情がよくなった）一九五〇年代初期のことで、一九八五年頃まで海水浴客数は伸びつづけていった。

そして時代は移ろい、昨今における海水浴はどうだろう。

すっかり下火になっている。プールを含むレジャー施設が各地にあること、娯楽の多様化などの影響で、「夏は海水浴」という余暇は、もはや一般的なものではない。海水浴客の減少、砂浜の浸食（開発などに伴う砂浜の消失）、自治体の財政難といった背景から、海水浴場の数は年々減少している。

しかし、どうだろう。海水浴の歴史を振り返ってみると、やはり海に浸かる効用は侮《あなど》れない。海が心身を健やかにしてくれることは、時代が移り変わっても不変なのではないか。

ただ一方で、各地に娯楽施設がある今日《こんにち》においては「海が遠い」「海に行く時間がない」という課題も生じる。仕事や家事、育児に追われる人は少なくない。

そこで考えたいのは、「海に行けないときの海」だ。

海水の成分に着目してみよう。

おおよそ海水というのは、水が九六・六%、塩分が三・四%でできている。塩分濃度は海域によって異なるものの、塩分の主な内訳を見てみると、「塩化ナトリウム七七・九%」「塩化マグネシウム九・六%」「硫酸マグネシウム六・一%」「硫酸カルシウム四・〇%」「塩化カリウム二・一%」となっている。

健康回復に海水が効くといわれてきたのは、このようにミネラルが多く含まれているからだ。

欧州などで浸透しているタラソテラピーを考えるとわかりやすい。タラソテラピーは（海洋療法、海水療法）海水を使って身体機能を向上させる自然療法で、一九世紀末からフランスで本格的にはじまった。海洋成分のミネラルが肌の保湿や新陳代謝を高めるなど、海水には美容面や精神面での効果もあるとされる。海水浴との違いがわかりにくいものの、タラソテラピーは海水を用いることに比重が置かれている。

そう、タラソテラピーのように、海に行けないときは海の成分を活用したい。

何より手にしたいのは、塩化マグネシウム。

豆腐がつくられる際の「にがり」だ（豆乳を豆腐に変える凝固剤）。海水のミネラル効果というのは、とりわけマグネシウムによるところが大きい。マグネシウムの粒子はごくごく小さく、肌からすぐに吸収される。海に浸かって一瞬にして心地よくなるのは、肌からミネラル成分が身体に吸収されるためでもある。

海から上がってシャワーで海水を洗い流しても、肌がすべすべしているように感じるのは、肌からミネラルがすでに吸収された証拠。いわゆる経皮摂取だ。

「首回り、肩、腕に、にがり（塩化マグネシウム）を擦り込みなさい」

と、ある日、医師から助言を受けた。

広島県廿日市《はつかいち》市で「ふじかわ心療内科クリニック」を開業している藤川徳美医師だ。心身の不調は何より栄養不足（質的栄養失調）に原因がある。それが藤川医師の一貫した見解であり、これまでSNS（交流サイト）や書籍を通じて栄養療法の重要性を説いている。

藤川医師の多くの著書に、私は編集者として携わってきた。この日は次の書籍刊行に向けて、打ち合わせを藤川医師とおこなっていた。当時の私は忙しくて海にも行けず、肩と腕の痛みが二、三か月もつづいていた。

あろうことか打ち合わせの最中に痛みが激しくなり、「ちょっと、すみません」と一時中断してしまった。その場で打ち明けるように症状を伝えたところ、先の助言をいただいた。藤川医師によると、日本ではカルシウムの重要性ばかりが唱えられ、大半の人はマグネシウム不足に陥っているという。両者は拮抗作用（バランスが悪いと、互いの効果を打ち消す作用）があるため、マグネシウム不足ではカルシウムが石灰化して肩や腕などに沈着してしまう。それが痛みの原因になっていることを指摘してくれた（肩関節石灰沈着症）。

さっそく、ネット通販で塩化マグネシウム（にがり）を購入。藤川医師はマグネシウムのサプリメント（経口摂取）も同時に勧めてくれたものの、「とにかく、にがりを身体に塗るほうが効き目は早い。海に浸かって気持ちがいいのと同じこと」という。

自宅で塩化マグネシウムをぱらぱらと手のひらにふりかけ、水を垂らす。すぐに溶けるので、それを痛い箇所の首、肩、腕にすりすりと塗ってみた。

するとど、どうだろう。

すーっとして、気持ちがいい。

痛みが和らぐように感じる。即効性にうれしくなって、一日に数回は身体に塗った。そうして、私の場合は二、三日で痛みがなくなった。

いったい今まで何だったのだろう。これまで用いてきた痛み止めの注射や飲み薬は、一瞬の効果しかなかった。大量の湿布も、効果はいっさい実感できなかった。

何より塩化マグネシウムに親しみを覚えるのは、身体に塗った際に「海に浸かったような心地よさ」を感じること。それもそのはず、自宅で海の成分を肌から吸収する営みだ。藤川医師は湯船にマグネシウムを入れる効用も説き、海水成分に限りなく近づけた「海水マグネシウム風呂のつくり方」まで提唱している（『親子ではじめる！ 天才ごはん』参照）。

それからというもの、海に行けないときでも比較的平穏でいられるようになった。とにかく疲れがたまったり痛みの予兆を感じた際は、塩化マグネシウムを身体に塗る。肩や腕、首回りだけでなく、腰にも塗る。腰痛予防にも塩化マグネシウムを用いるようになった。

そうして痛みに悩まされることがなくなると、旅に出る気力もわいてくる。

そう、たとえ海に行けなくても、海はある。

塩化マグネシウムは、私にとって「もう一つの海」だ。

「潮垣」は泳げるのか

さて、海のプールに話を戻したい。

奄美大島での二日目、三日目も、あやまる岬の海水プールで長らく遊んだ。台風が少しずつ遠ざかって晴れ間も覗くようになり、ちらほらと海水浴客の姿も見えるようになった。

美しき奄美大島の愉しみは、海のプールに限らない。あやまる岬のすぐ南には土盛《ともり》海岸があり、白い砂浜と珊瑚の海が美しい。ただ広大な海で泳ぎ疲れると、やはり海のプールに戻りたくなる。湯船のような安心感で浸かれる海が恋しくなるのだろう。あやまる岬の海水プールに戻ると、もはやプールの主《ぬし》なのだろうか、いつものようにチヌ（クロダイ）が迎えてくれる。「ただいま」とやんわり近づくと、やはりそっと遠ざかる。

そうしてまたプールを出て、車を少し走らせては海で泳ぐ。

ここもプールではないか——と、気になる場所があった。

それは、あやまる岬から直線距離で南西に六キロほど離れた場所。手花部《てけぶ》という集落の前に広がる干潟の海だ。遠浅の海の沖合に、プールのような囲いがある。よくよく眺めると、囲いの正体は石垣で、海面上に弧を描くようにつくられている。

これは「シュガキ」と呼ばれる潮垣だ（潮垣は、魚垣、海垣、石干見《いしひび》、カキ、スキなど地域によって呼び名は多岐にわたる）。干潮時に石垣の中に取り残された魚を獲るためのもので、九州や奄美・沖縄の海岸では多く見られる。ただ現在でも使われている潮垣は皆無に等しく、目にするのは潮垣の跡であることがほとんどだ。潮垣は撤去されたり、崩れるなどして姿を消したものも多い。美しい形で潮垣が残されているだけでも貴重なことだ。手花部の海岸にある潮垣は、全長一五〇メートルほどの石垣がしっかり残っている。

集落で話を伺うと、やはり潮垣はもう使われていなかった。（年数はやや曖昧ながら）三〇年ほど前は、かろうじて八〇代のおばあさんが夕膳用の魚を潮垣で獲っていたそうだ。畑仕事の合間に海へ入っては、網を両手に持って魚を潮垣に追い込み、すくい上げるようにして獲った。手花部の潮垣は江戸時代からあったといわれ、潮垣そのものも漁礁としてタコやカニの棲みかになっていたという。

いったい潮垣は、泳げるのだろうか。

魚を追い込むための潮垣は、囲いという観点から「海のプール」ではないかと考えた。じゃぼじゃぼと干潟の海を水着姿で沖合へ歩く。驚いたシャコが足元をすり抜けていく。沖へ沖へと歩いても、潮が引いているため、膝が浸かる程度の深さしかない。海岸から沖へ一五〇メートルほど歩くと、ようやく潮垣に到着した。潮垣（石垣）の幅と高さは、ともに七、八〇センチくらいだろう。潮垣は弓なりに延びており、緩やかな曲線が美しい。間近から見る潮垣は、海面上に延びる一本道のようだ。

プールとしては、どうだろう。潮垣の真横でうつ伏せになって、全身を海に浸ける。浅いので

手花部海岸に残されている潮垣

全然泳げない。匍匐《ほふく》前進のような格好で浅い海を進むと、突き出た腹部が海底をこする。干潟ゆえに海は茶色く濁り、魚影の有無はなかなか確認できない。さすがに潮垣をプールとして見なすのは、無理があったのかもしれない。

それでも、全身を海に浸けられただけで満足だ。マグネシウムといったミネラル成分が身体に浸透していくことは、やはり心地いい。

また、今でも美しい潮垣が残されているのはうれしいことだ。かつて地元の小学校では岩を積んで潮垣を保全する授業もあったというから、潮垣が集落で大切にされてきたことが窺える。

いったい潮垣が実際に使われていた光景というのは、どのようなものだろう。

一九九〇年に使用されていた潮垣（沖縄県西表島）を記録した書籍がある。

「八重山の海垣はすべて消滅してしまったのだろうか。いや、どこかにいまも生き残っている海垣があるような気がしてならなかった」と記されているように、約三〇年前であっても著者が取材を重ねて、ようやく「使われている潮垣」を探し出したことが窺える（『日本のいちばん南にあるぜいたく』参照）。

この本に収められた潮垣における実際の漁（西表島の嘉佐崎《かさざき》）を見てみよう。

〔水牛が牽引する〕牛車にムチを打つ。石積みの内側すれすれに沿って、牛車は水しぶきをあげて走り出した。（中略）水牛はこんなにも早く力強く走れるのかと感嘆するほど、猛然とダッシュ。一〇〇メートルほど走るとUターン。再びダッシュ。また一〇〇メートルほどもどってUターン。（同前）

ここに記されているのは、網を使って魚を追い込む漁ではない。牛車を走らせることによって魚を驚かせて潮垣に追い込み、パニック状態に陥らせる漁法だ。そうして水面に浮かび上がったサヨリを手でひょいひょいとつかみ取る。

潮垣では網を使わない漁法もおこなわれていたこと、三〇年ほど前には（かろうじて）潮垣の漁が残されていたことに、驚きを禁じ得ない。

潮垣のある手花部の海岸から、あやまる岬の海水プールに戻る。

プールに浮かびながら、かつて潮垣で魚を獲っていた人の姿を想像してみる。手花部の潮垣で魚を獲っていたおばあさんを知っている人は、「(今は亡き) おばあは本当に海が好きだったね。毎日のように海に入ってたねぇ」と回想していた。

海に浸かりながら潮垣で魚を獲るということ。そこには多分に遊びの要素が含まれ、おそらく魚が獲れても獲れなくても生きる張り合いになっていたのではないか。やはり人はどんなに齢を重ねても、自然の中での営みに生きがいを覚えるのではないか。

何やら海のプールに浮かんでいると、とめどなく想像が膨らんでいく。

生きがいについて思いを巡らしていると、名著である『生きがいについて』が頭に浮かんでくる。著者の神谷美恵子は、こう綴っていた。

自然の声は、社会の声、他人《ひと》の声よりも、人間の本当の姿について深い啓示を与えうる。なぜならば社会は人間が自分の小さい知恵で人工的につくったものであるから、人間が自然からあたえられているもろもろのよいものを歪め、損っていることが多い。(中略) 少なくとも深い悩みのなかにあるひとは、どんな書物によるよりも、どんなひとのことばによるよりも、自然のなかにすなおに身を投げ出すことによって、自然の持つ癒しの力――それは彼の内にも外にもはたらいている――によって癒され、新しい力を恢復するのである。

(『生きがいについて』)

生きがいというのは、広義かつ個々人で認識は大きく異なるため、端的には捉えにくい。ただ神谷美恵子が綴っているように、生きがいと自然は切っても切れない関係にあるのだろう。書物や他者よりも、自然こそが人に寄り添ってくれる存在だ。自然の力と生きがいは通底しているに違いない。潮垣で毎日魚を獲っていたというおばあさんの生き生きとした姿は、ありありと想像することができる。

もしも深い悩みを抱えたなら、まずは無条件に受け容れてくれる自然に身を任せたい。あるいは偏狭さや不寛容に囲まれているなら、自然の中へ逃げ出したい。

私の場合は、何度でも海のプールに一人で浸かりたい。

海のプールに浮かんで、空を見上げる。

流れる雲は、自身の内奥にむくむくと膨らんできた、自己肯定感の象徴だ。

プール王国の島

広々とした野性的な海空間――海軍棒プール（沖縄県南大東村）

沖縄県にある南大東島は、海のプールの王国だ。

周囲二一キロ、人口一二〇〇人ほどの比較的小さな島に、海のプールが三つも存在する。

ご存じのように、南大東島は遠い。沖縄本島の東方三六〇キロにある。南大東島は北大東島と並ぶようにして、絶海にポツンと浮かんでいる。水深四千メートルもの深い海底から聳《そび》える火山島の頂に、珊瑚礁が堆積して隆起した島だ。いわば深海に建てられた高層ビルの最上階だけが、海面上に現れているようなもの。そのため南大東島は断崖絶壁に囲まれている。外洋から押し寄

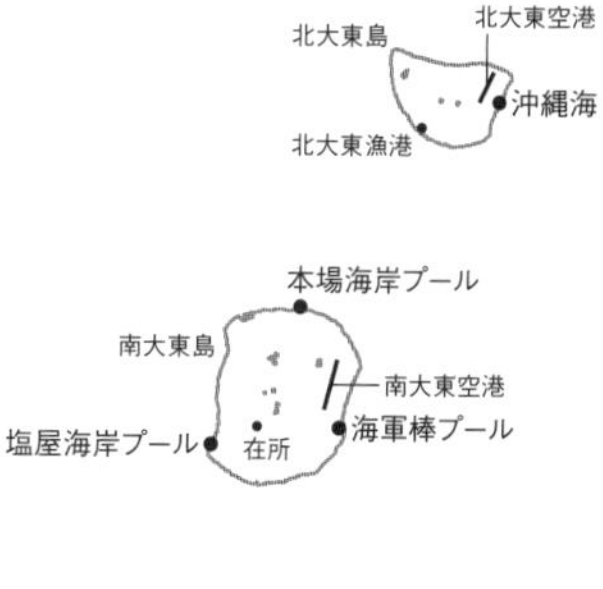

海軍棒プール（南大東島）

絶景度　★★★★★
天然度　★★★★★
透明度　★★★★★
魚影　★★★★★
沖縄県島尻郡南大東村
寸法：約30m×20m
水底：ナチュラル
竣工：1985年頃

せる強い波が、島の周囲を激しく洗う。

　一〇月中旬、那覇から貨客船「だいとう」に乗船する。南大東島に渡るのは四回目ながら、船は月に五便ほどしか運航されないため、これまでは空路に頼ってばかりだった。一四時間ほど揺られ（定刻よりも一時間早い）翌朝七時、南大東島に到着した。さっそく原付バイクを借りて、島の東岸にある海軍棒《かいぐんぼう》プールへ向かう（カラー写真五頁上）。南大東島に三つある海のプールの中でも、とりわけ海軍棒は名所として知られている。

　天気予報によると低気圧が接近しているようで、じきに海は荒れてくるはず。旅の空だというのに、無性に心は急く。

　海軍棒プールは、沈んで消えていた――。

　時刻は八時頃で、ちょうど満潮（大潮）の時間帯だ。外洋から高さ二メートル以上の波が押し寄せ、真っ白に砕けた波がプール一面を覆っている。四角く囲われたプールの形状ですら、判別が難しい。これでは到底泳げない。潮が引くのを待つしかないと、原付バイクにまたがって島を周遊する。

　二時間後の一〇時頃に再訪すると、下げ潮のおかげで泳げそ

プールではシマハギが多く見られる

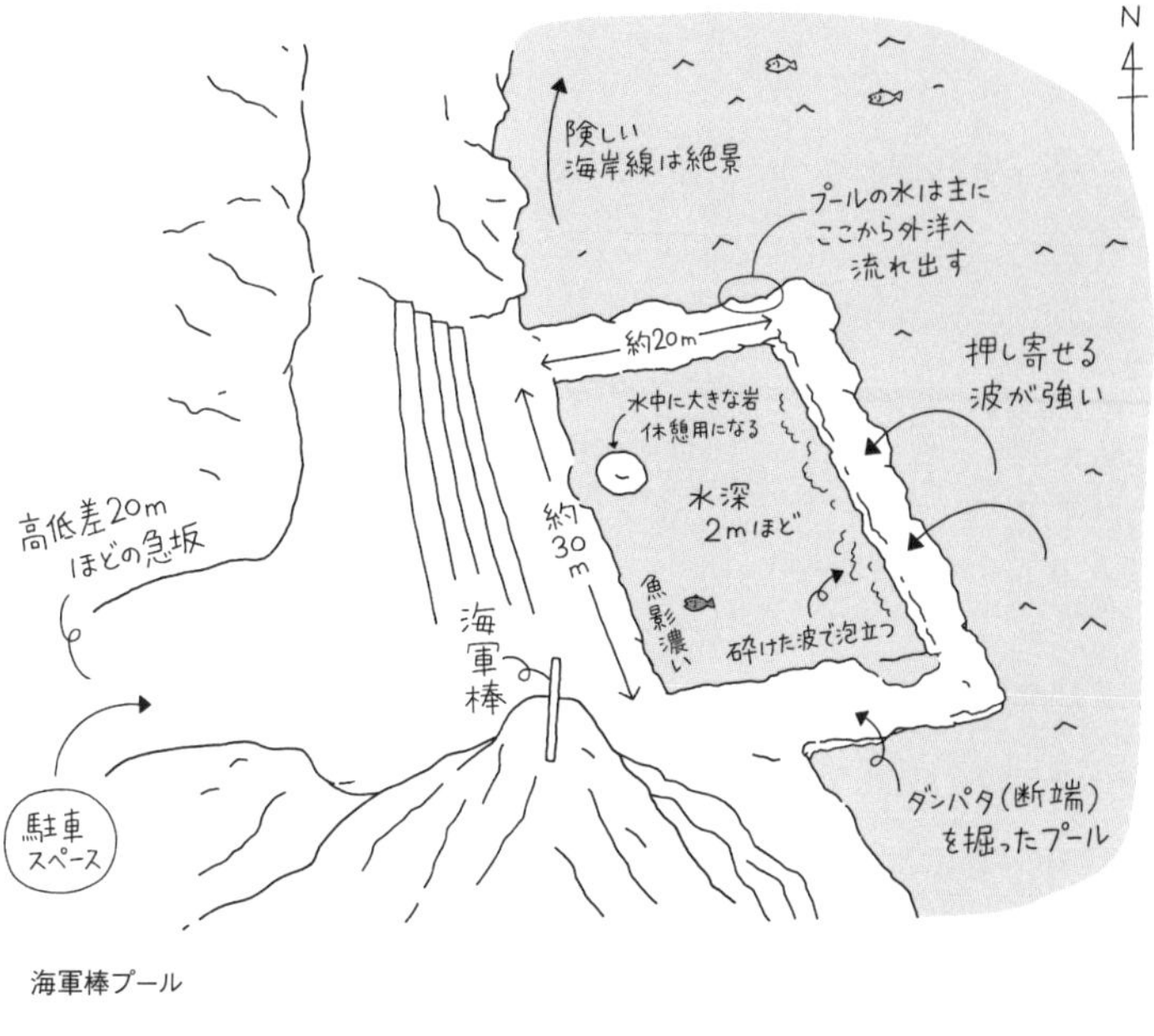

海軍棒プール

うだ。早くも夫婦らしき二人の先客が、プールでゆらゆらと漂っている。いそいそと岩陰で水着に着替え、そろりと水に浸かる。水温は二八度ほどで、「夏の海」を感じさせる。

岩礁をくり抜いただけの自然任せである海軍棒プールは、一九八五年頃につくられた。潮の満ち引きによって、水が自然に循環する。大きさは三〇×二〇メートルほどあり、水深は二メートル以上とやや深い。水はひときわ澄みわたり、オヤビッチャやイスズミ、ミヤコテングハギ、シマハギ、ツノダシなど、多くの魚を観賞できる。

波がプールの縁をばしゃばしゃと飛び越えて、白く泡立つ。プールの縁に沿って泳いでいると、上空から覆いかぶさるように波が背中をびしびしと叩く。打たせ湯のようなマッサージ効果が心地いい。タイドプール（天然の潮だまり）が得てして「静的」であるのに対して、海のプールは「動」と「静」が混在しているからこそ魅せられる。

海軍棒プールは、海のプールの中でもとりわけ「野性的なプール」だろう。外洋から流れ込んでくる波が、力強い。それはプールに押し寄せる波音にも表れている。どぶっ、どぶっ、と身体の芯に響いてくるような、深い音だ。

プール内には、一〇トンを超えるといわれる大きな岩が一つ転がっている。岩の上に立ったり座ったりと、深いプールではちょうどいい「休憩場」になるため、地元の子どもたちに親しまれている。この岩は台風によって外洋の海底から、ごろりとプールに転げ落ちたものだ。役場によると、他の台風では「泳ぎの邪魔になる岩」がプール内に転がり込んだこともあったという。そ

右側の崖上にある「棒」が海軍棒

の際の岩は五トンほどあり、プールから取り除く作業は大変だったそうだ。

それにしても海軍棒という地名には、どこか珍妙さを覚える。

その名は、まさに海軍の「棒」に由来している。日本海軍の軍艦「海門《かいもん》」が一八九二年に南大東島を調査した際、標柱（標木。調査の目印）を建てた。そうして島の状況が徐々に明らかとなり、一九〇〇年から（無人島だった）南大東島の開拓がはじまった。やがて標柱のある海岸一帯は、海軍棒と呼ばれるようになったという。

プールから崖上を見上げると、今も海軍棒がひょろりと建っている。高さ三メートルほどの細い「一本の棒」が、崖上に突き刺さっている。本来の標木は朽ち果て、のちにコンクリートの標柱が建てられた。しかし戦時中、敵の標的になるとして軍が撤去した。現在の標木は、昭和四〇年代に村の教育委員会によって復元されたものだ。たとえ復元であっても、開拓時代が偲ばれる目印はありがたい。プールから顔を上げて「棒」が目に入ると、まさに海軍棒で泳いでいることを実感する。

いけない、先を急ごう。空には灰色の雲が垂れ込め、海況が崩れていくことを予感させる。南大東島には、あと二つも海のプールが存在する。貴重な下げ潮の時間帯に、残りのプールを巡ってみたい。

波しぶき強烈な〝露天風呂〟——本場海岸プール(沖縄県南大東村)

南大東島の東岸から北岸へ向かおう。Tシャツを纏って、水着のまま原付バイクにまたがる。六キロ少々走ると、本場《ほんば》海岸に到着する。ここにも岩礁をくり抜いただけのプールが存在する(カラー写真七頁上)。役場によると、本場海岸プールは一九八七年頃につくられたという。

先の海軍棒と同じく満潮時の朝に下見をした際は、本場海岸にも大きな波が押し寄せ、到底泳げる状況ではなかった。下げ潮となった昼はどうだろうと、海岸に下り立つ。誰もいない、ひっそりとした海岸だ。

海軍棒プールに比べるとやや荒れているものの、かろうじて泳げると判断。というのも、潮が引いたおかげで、四角いプールの輪郭が海面上に現れている。プールは一〇×五メートルほどと小さい。水深は腹もしくは胸が浸かる程度なので、小ささと相まって露天風呂のような趣だ。岩

本場海岸プール（南大東島）

絶景度 ★★★★
天然度 ★★★★★
透明度 ★★★★
魚影 ★★★
沖縄県島尻郡南大東村
寸法：約10m×5m
水底：ナチュラル
竣工：1987年頃

場では無数のトビハゼが、ぴょんぴょんと跳ねる。

ただ、野性的な魅力は侮れない。プールにどぶどぶと押し寄せる波は強烈だ。沖合から絶え間なく波がプールに流れ込んで、身体を大きく揺さぶる。時おり頭が水底へ、ぐいと押し込められる。波が砕けた真っ白な泡が収まったかと思うと、すぐに新たな波が押し寄せて、またもやプールを真っ白に染める。プールが狭いだけに、寄せては返す波の影響を受けやすい。身体は波に翻弄されて、木の葉のように揺れては水底に沈む。まるで洗濯機に放り込まれて、内在する自らの「汚れ」を洗い流してくれるかのようだ。

一人旅かつ誰もいないことをいいことに、波をかぶっては、はい、よいしょ、と声を上げてしまう。ついつい声を出してしまうのは、自身を鼓舞しないと自然に呑み込まれるような畏れを感じるからだろう。ちっぽけな人間が自然の力に翻弄されると、畏れと同時に高揚感も生じる。不思議なことに、厳しい自然によってもたらされる苦労や苦痛は一種の悦びだ。なぜかハイな気持ちになる。

フランスの作家ジャン＝クリストフ・リュファンは、（キリスト教聖地の）サンティアゴへ向かう巡礼中の思いを次のように綴っている。

強風と、塩からい波しぶき、冷たい雨の降り注ぐ悪天候の下でこそ、巡礼者は陽光溢れる色彩を前にしたとき以上の感動を覚える。野生の自然に身を任せ、その中に融け込んで抵抗しているという感覚、それでも自然がその気になって襲いかかってくれば、波で転がされるか突風に吹き飛ばされることを知っている感覚、これは稀にしか得られぬ快楽である。誰もがこの快楽を感じるわけではないかもしれない。しかし、悪天候を好む巡礼者の種族というのは確実に存在していて、私は幸運にもその一員である。（『永遠なるカミーノ』今野喜和人訳）

もちろん危険を冒す必要などない。

ただ、どんな天候でも味わいがあるように、荒れ模様の天気であっても人は自然に身をさらしたくなるときがある。それこそ偉大な自然に包まれているという実感がわく。いや、もっとシンプルに捉えると「自然が構ってくれている」「自然が一緒に遊んでくれている」ような心持ちになるからなのかもしれない。一人ぼっちでいても、孤独はいっさい感じない。自然の力に多少翻弄されるほうが、今この瞬間を生きているという実感もわいてくる。

海のプールから沖合に目を向けると、平坦な島影が見える。

階段を下りた右手が本場海岸プール。右奥に北大東島の島影がうっすら見える

八キロほど北方にある北大東島だ。本場海岸の沖合は北大東島と南大東島に挟まれた「潮の通り道」になっているため、波が大きくなりやすい。また秋から冬の沖縄地方は、季節風の関係で北寄りの風が吹きやすい。この日も北東の風が吹きつけ、（島の北岸にある）本場海岸は必然的に波が大きくなる。

島の人に話を伺ってみると、南大東島にある三つのプールのうち、本場海岸プールは「滅多に行かない」という。中心集落（在所《ざいしょ》）から離れている、波で荒れやすい、プールが小さい、といった理由のようだ。裏を返すと、本場海岸プールは「穴場的な静けさ」を堪能できるということか。ただ潮が引いている際に訪れること、波の大きさを見極めることは、本場海岸ではとりわけ重要だと認識したい。

そう、潮が引いている時間帯は貴重だ。潮が満ちてくる前に、三つ目のプールへ向かおう。

またもや水着のまま原付バイクにまたがり、誰もいない本場海岸を後にした。

波に打たれプールに落ちる愉しさ——塩屋海岸プール（沖縄県南大東村）

いよいよ南大東島の三つ目のプール、塩屋《しおや》海岸プールへ（カラー写真五頁下）。ここは島の西岸にあり、中心集落（在所）から約二キロと比較的近い。ここも海岸の岩礁をくり抜いただけの四角い形状で、大きさは二五×一二メートルほどある。

朝に下見をした際は晴れ間も覗き、地元の子どもたちがプールで遊んでいた。すっかり曇天となってしまった午後、プールには誰もいない。ただちょうど干潮時刻を迎える頃で、プールはいたって静穏だ。

やおらプールに身をひたすと、穏やかな気持ちでいっぱいになる。何より透明な水は心身を浄化してくれる。ここは南大東島のプールの中ではいちばん浅く、腹が浸かるくらいの深さ。安心感というべきか、最も親しみやすいプールだ。水の中を覗くと、珊瑚にチョウチョウウオなどの小魚が群れている。

塩屋海岸一帯は、海岸に沿って「ダンパタ」が発達している。ダンパタは海岸の端、断崖の端を意味する「断端」「段端」を指す。ダンパタという言葉はあまり耳にしないものの、南北の大東島では一般的に使われている。つまりダンパタというのは、海岸の崖下に広がる平らな岩場

塩屋海岸プール（南大東島）

絶景度 ★★★★★
天然度 ★★★★★
透明度 ★★★★★
魚影 ★★★★
沖縄県島尻郡南大東村
寸法：約25m×12m
水底：ナチュラル
竣工：1983年

のこと。潮が引いた塩屋海岸を眺めると、崖下に平らな岩場が「棚」のように延びていることがわかる。

　そもそも南大東島に三つある海のプールは、いずれもダンパタを掘ったものだ。中でも塩屋海岸は最もダンパタが発達しているため海岸に近づきやすく、磯遊びに適している。役場によると、塩屋海岸プールの完成は一九八三年。その二年後に海軍棒、そのまた二年後に本場海岸のプールが完成したようだ。島の人に訊くと、（三つのプールのうち）塩屋海岸プールがいちばん身近な存在だという。（集落から）行きやすい、浅いので小さな子どもでも遊べる、（波の関係で）泳げる機会が多い、とのこと。

　小さな子どもでも安心な塩屋海岸――といえども、やはり南大東島は油断できない。干潮で潮が引いているとはいえ、プールが面している海は「ドン深《ぶか》（急に深くなる海）」だ。絶え間なくどぶどぶと波が押し寄せ、プールの縁を飛び越えて流れ込む。プールに浸っていると、頭上から砕けた波を大きくかぶる。砕けた波は泡となって、プールを白く染める。

　塩屋海岸で子どもたちが好む遊びは、「波アテ」だという。

外洋（左側）から波が打ち寄せ、プールの縁で大きく砕ける

波が砕けるプールの縁に立って、叩きつける波に耐える。やがて強い波に耐えられずに、砕けた波とともにプールに落とされる。塩屋海岸プールは縁を歩きやすいので、私も縁に立って波を待ってみる。大事なことは、押し寄せる波から目を逸らさないこと、波に背を向けないことだろう。

長らく待つまでもなく、プールの縁で砕けた波に全身を叩かれ、あっけなくプールに落とされた。落ちる際は岩場で肌を擦りむかないよう、身体を放り出すようにして躊躇なく落ちたほうが安全だろう。「波アテ」をする子どもの気持ちがわかる。誰もいないプールで一人、波に叩かれてはプールに落ちることを無性に繰り返してしまう。

こうして南大東島に三つある海のプールを一日にして泳ぎ終え、これでひと安心。

ただ何より知りたいのは、なぜ南大東島には海のプールが三つもあるのか、ということ。

島の歴史を学べる「島まるごと館」に立ち寄って、話を伺った。

海のプールが三つもあるのは、深い海に囲まれ、外洋の影響を大きく受ける南大東島ならではだと、館の職員は教えてくれる。

「泳げるかどうかの状況は、（プールのある）東西、北の海岸で大きく異なるので、三つあればどこかで泳げる確率は高くなりますから」

それは船の港と同じことのようだ。貨客船「だいとう」が島を発着する際、普段は集落に近い西港が使われるものの、海が荒れた際は北港や南港も用いられる。島は外洋にポツンと位置しているため、波風の影響を大きく受ける。風が吹く方角にある海岸は、とかく荒れやすい。港を海況次第で使い分けることと同じく、プールも三つあれば選択肢が増える。

「それでも（三つとも）泳げないことは結構ありますけど」と、職員は笑う。

そう、海のプールが一つだけだと、風向きなどによっては延々泳げない状況に陥ってしまう。

ただそれにしても、どうだろう。島の生活基盤となる港はともかく、プールも異なる方角に三つも整備するなんて、南大東島は素晴らしい。断崖に囲まれた島、砂浜がない島、子どもが海で遊べる場所が少ない島だからこそ、海のプールへの思いはひとしおだ。そもそも潮の満ち引きを利用した海のプールは、全国的にも数が少ない。なのに周囲二一キロの南大東島には、三つも海のプールが存在しているのだ。

塩屋海岸プールでは珊瑚も見られる

「島まるごと館」を後にしても、まだ夕方まで少し時間がある。

もう一回りできるかもしれない。

原付バイクにまたがって、再び海軍棒プールへ。干潮から二時間ほど過ぎているものの、まだ泳げる。二人組の若い女性が、ゆらゆらと水中観察を愉しんでいた。ただ午前中に泳いだ状況とは異なり、プールに押し寄せる波がいっそう強くなっている。上げ潮に加えて、海況がやや荒れてきているのだろう。しばらくして二人組がプールから上がったのは、まさに潮時だ。私も三〇分ほどで切り上げ、水着のまま原付バイクにまたがる。

もう北岸の本場海岸プールに立ち寄る時間はない。風向きが北東であること、上げ潮であることを考えると、泳げる可能性は低い。西岸の塩屋海岸プールであれば、一日の最後に再度泳げるかもしれないと、原付バイクを走らせる。

いよいよこれで最後――。と、一七時前、塩屋海岸に到着した。どうだろう。干潮から約三時間が経った海岸は、先ほどの状況から一変していた。潮が満ちてプールの縁は水没し、荒波がプール全体をじゃばじゃばと洗っている。一瞬にして認識できる。これでは泳げない、と。打ち寄せる波だけでなく、引き波も強烈だ。もしプールに入れば、外洋に引きずり込まれることは容易に想像できる。

やはり翌日も、海は荒れた。波の高さは三メートルほどになり、北東からの風も強い。干潮時刻となっても、いずれのプールも泳げるような状況ではなかった。

人の心のように変わりやすい海のプールは、諭してくれているかのようだ。

「明日のことはわからない。もしプールが穏やかなら、躊躇なく泳げ、身をひたせ」と。

北大東島唯一のプール――沖縄海（沖縄県北大東村）

南大東島から北大東島へ、飛行機で渡った。

所要時間はわずか二〇分。両島は八キロほどしか離れておらず、絶海に寄り添うようにして存在している。北大東島の周囲は一三・五キロ（人口は約五五〇人）と、南大東島よりもかなり小さい。南大東島と同じく、深い海と断崖絶壁に囲まれた隆起環礁の島だ。

かつて北大東島を訪れた際は、海が荒れて泳げなかった。今回も海に入るのは厳しいかもしれない。波の高さは三メートル以上あり、外洋は白波で埋めつくされている。北東からの風も強く、天気予報はここ数日の荒れ模様を告げる。

南大東島と異なり、北大東島で海水浴ができるのは一箇所しかない。東岸にある沖縄海《おきなわうみ》と呼ばれる浅瀬だけだ（カラー写真七頁中央）。ここは「沖縄海プール」とも呼ばれ、潮が引くと、まさにプールのような四角い潮だまりが出現する。

北大東島に着くなり原付バイクを借りて、さっそく夕刻の東岸へ出かける。島の東部には空港の滑走路があり、その脇にある海岸が沖縄海だ。干潮を三時間ほど過ぎた上げ潮のタイミング。岩場の階段を伝って、誰もいない海岸に下り立つ。

重い波音が轟《とどろ》く、真っ白な海だ。恐怖を覚えるほどの荒波が絶え間なく打ち寄せる。岩場に叩きつけられた波は真っ白に砕けて、高く舞う。空には灰色の雲が垂れ込め、強い風が吹きつけてくる。到底泳げる状況ではないので、退散だ。

翌日もまた灰色の雲に覆われ、海況は悪かった。朝八時に沖縄海を訪れると、昨日と同じく大荒れ。風が北東から吹いているだけに、東岸にある沖縄海の海況は一向に好転しない。原付バイクにまたがって島をぐるりと回ると、風下となる西や南の海岸は、東岸よりもずいぶん穏やかだ。ただ断崖に囲まれた北大東島では、東岸の沖縄海を除けば海で泳げる場所はない。

どこかで泳げないかと逡巡しつつ、ふと南岸にある北大東漁港（正式名称は南大東漁港北大東地区）

沖縄海（北大東島）

絶景度　★★★★★
天然度　★★★★★
透明度　★★★★★
魚影　★★★★
沖縄県島尻郡北大東村
寸法：約25m×15m
水底：ナチュラル
竣工：2001年頃（整備）

でバイクを停めた。ここは二〇一九年に完成した、巨大な「岩盤掘り込み式漁港」だ。国内屈指の規模を誇るという。断崖絶壁に囲まれた島には入り江がない。そのため陸地側を大きく掘削して、つくられたものだ。

海にせり出すのではなく、陸地側を掘った漁港は、プールのように穏やかな水をたたえていた。岸壁から澄んだ海面を覗くと、うようよと魚の影が映る。海が荒れて船が出せないため、漁港には誰もいない。

ううむ。漁港で泳ぐことは、場所の用途を考えると褒められた行為ではない。ただ、どんな魚がいるのか水中観察だけしようと、水着に着替えて浸かってみることにした。漁船を海に下ろすスロープ（斜面）を伝って、足がつく程度の深さの水中を観察する。

うようよと群れていたのは、二〇センチ大ほどのイスズミだった。四、五〇匹はいるだろうか、きらきらと銀色の体が揺らめく。水底にはトカジャー（ニセカンランハギ）の姿も見られる。ちょっとした水中観察とはいえ、海水に全身をひたすと気持ちが少し落ちつく。

村役場を訪ねて、島の話をあれこれと伺う。北大東漁港で魚が群れていたのは、（漁港内を荒らされないために）釣りを禁止しているからだという。

さて。沖縄海で泳げないので、せめて話だけでも伺いたい。

役場によると沖縄海は、ほぼ天然の海岸だという。二〇〇一年頃、泳ぐのに邪魔な岩を取り除くなど、わずかな手入れをした程度だそうだ。沖縄海と名づけられたのは、開拓の時代まで遡るかもしれないという。断崖絶壁に囲まれた北大東島において、ここだけは「沖縄本島の海のように泳げる」「沖縄本島のように（わずかながら）白い砂浜がある」という地形的な特徴があった。そのため沖縄本島から北大東島に移り住んだ人は、郷愁を込めて沖縄海と呼ぶようになったといわれている。

では、南大東島には三つも海のプールがあるのに、北大東島には一箇所しか泳げる場所がないのはなぜなのだろうか。

断崖絶壁に囲まれた両島は地形が似ているものの、北大東島にはダンパタ（崖下に広がる平らな岩場）がほとんどないからだという。南大東島のようにダンパタが発達していれば、岩礁を掘ってプールをつくることができる。しかし沖縄海を除けば、北大東島には適した場所（ダンパタ）がないとのこと。そう、海岸にプールをつくらないのではなく、つくることができない。海の遊び場

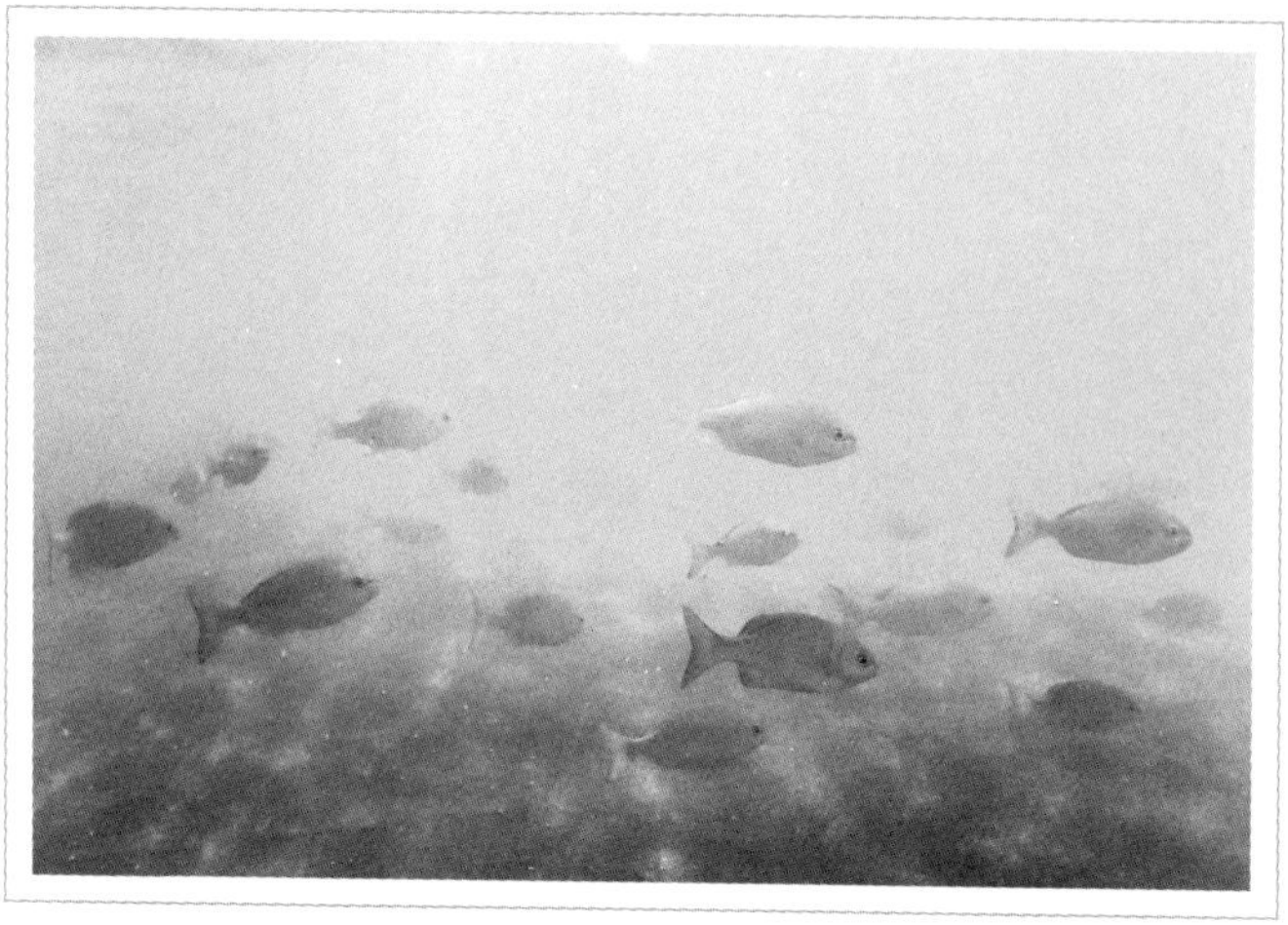

北大東漁港の水中を観察。イスズミの群れ

である沖縄海は、やはり島唯一の貴重な場所だ。

昼過ぎ、再び原付バイクにまたがって沖縄海へ向かう。

依然北東からの風はやむ気配がなく、東岸の沖縄海は大荒れだ。半分諦めながら、誰もいない海をじっと観察する。この日の干潮は一四時頃。三〇分ほど観察していると、少し潮が引いていることがわかる。念のため水着に着替えて、さらに三〇分ほど海況の推移を眺める。波はごうごうと絶え間なく打ち寄せてくる。が、潮が引いているおかげで、沖縄海に近づけるタイミングがあるかもしれない。波のセット（波の周期で三回ほどつづく大きなうねり）が落ちついた、わずかな瞬間だ。

大事なことは沖合に目を向けて、波から目を逸らさないこと。波のセットが落ちついた瞬間に沖へ歩を進め、浅瀬（プールの縁にあたるところ）に腰を下ろす。上半身には白く砕けた波が強く打ちつける。ただ波のセットの合間ならば、何とかやり過ごせる。ただし泳ぐことは、到底無理だ。すぐに次の波のセットに襲われて、引き波となった際に沖合へ流されるに違いない。

ひと息つく間もなく、また大きな波のセットがやってくる。すぐに腰を上げて、波から目を逸らさずに岸へと後退する。沖縄海の周辺はダンパタが広がり、岩場につかまっていれば、波にさらわれることはないだろう。それでも引き波の力は強烈だ。岩をつかんだ手に力を入れないと、踏ん張った足元がすくわれそうになる。そんな格闘をよそに、トビハゼは無邪気にぴょんぴょんと岩場で飛び跳ねる。

波のセットの合間に前進と後退を繰り返す。時間にして一五分ほどか、これが限界だと判断。沖縄海で泳ぐのは、またの機会にしよう。やはり沖縄海には白砂がたまっているようで、波が引いたわずかな瞬間、海の底が白く光る。プールとしての大きさを捉えると、二五×一五メートルといったところ。

海岸から崖の階段を上がると、海を見晴らすように碑が建っている。「沖縄最東端之碑」だ。北大東島は沖縄本島から東へ三六〇キロも離れている。沖縄県とはいえ、北大東島と同じ経度を北に辿ると宮崎県に行きつく。

碑の周辺は憩いの場として整備され、洗面所内にはシャワーも併設されている。吹きさらしの崖上にある洗面所に入ると、びゅうびゅうと強い風音が響きわたる。それでも海岸の波音に比べれば、やわらかな響きに感じられる。シャワーを浴びると、轟く海から解放された安堵が静かに込み上げてくる。

長大なプールで歴史を偲ぶ――玻名城海岸（沖縄県八重瀬町）

天候や海況はしばらく優れない予報のため、北大東島から那覇へと飛行機で戻る。ただ翌日は、わずかに晴れ間も覗きそうだ。沖縄本島にある、海のプールにも立ち寄ろう。

朝八時半に那覇バスターミナルから、南部へ向かう路線バス（百名《ひゃくな》線）に乗り込む。四五分ほど揺られ、「玻《は》名城《なぐすく》入口」で下車。バス停から海のプールがある玻《は》名《な》城《しろ》海岸までは、南へ二キロほど。少しややこしいが、地区名は「はなぐすく」、海岸は「はなしろ」と呼ばれている。

バス停から「ザ・サザンリンクス」というリゾートホテルを兼ね備えたゴルフ場へ通じる道を歩く。何だろう。少しわびしい気持ちになる。「持てる者と持たざる者」という対比を突きつけられるように感じる。ゴルフ場利用者のために、道は石畳でおごそかに設《しつら》えられている。重いリュックを担ぎながら汗まみれで歩いていると、艶やかな車がびゅんと通り過ぎていく。

いけない、いらぬ想像だ。海を目指そう。

ゴルフ場を通り過ぎると鄙《ひな》びた道となり、うねうねと崖下へ延びる。海辺に建つ一軒の廃墟の前にあるのは、白い砂浜が広がる玻名城海岸だ。廃墟というのは、かつてのリゾート開発が偲ばれる施設（レストハウス）の跡。砂浜に下り立つと、海のプールが目の前に横たわっている（カラー写真六頁下）。海をコンクリートで囲ったもので、一二〇×四〇メートルほどと巨大だ。到着したのは満潮の頃で、波の高さは二・五メートル以上になる荒れ模様の予報だった。

ただ、ここは沖縄本島の南部にある海岸。沖縄本島という「大きな島影」は、北から吹く風を遮ってくれるため、南に面した海は穏やかだ。しかも玻名城海岸一帯は平らな岩礁（リーフ、珊瑚礁）に囲まれているため、白波が立つのは遠くの沖合だ。潮が引くのを待たなくても、プールは十分に泳げそうだ。

海岸には洗面所やコインシャワーの施設がある。水着に着替えて、ゆるりと水に浸かる。空一面を雲が覆っているため水中はやや薄暗く、透明度も高くはない。ただこれから下げ潮になるため、海況が悪化する心配はなさそうだ。

それにしても誰もいないプールは、ちょっと持て余すほどに広い。深さは腹が浸かる程度と浅いものの、全長は一二〇メートルほどもある。クロールで力強く進んでも、プールの端は何だか遠い。一往復で満足して、あとは平泳ぎでゆらゆら漂うことにした。

水中は海藻が多い。「稀少なカサノリが生育している」と海岸の案内板に記されていたものの、シオグサと見られる藻がやけに目につく。シオグサは光が強くて潮の流れが悪い海で育ちやすい。

玻名城海岸（沖縄本島）

絶景度　★★★★★
天然度　★★★
透明度　★★
魚影　★★
沖縄県島尻郡八重瀬町玻名城
寸法：約120m×40m
水底：造成
竣工：1989年頃

おそらくプールという人工的な囲いが、藻を多く発生させてしまったのだろう。それでもコンクリートの囲いが低いのは幸いだ。満ちた潮はプールの縁を越えて、じゃばじゃばとプール内に入り込んでくる。魚影は濃いとはいえないものの、ロクセンスズメダイ、ルリスズメダイ、ムラサメモンガラなどの姿が見られる。

玻名城海岸の魅力は、海のプールだけではない。プールの周辺は、人の手が加わっていない広大なリーフだ。潮が引いてくると、沖合に大きな潮だまりが現れる。またプールから北東へ一キロほどは、白い砂浜がつづいている。少しずつ陽が射すようにもなり、水着のまま砂浜を散策しては遊泳を繰り返す。

玻名城海岸にプールができたのは、一九八〇年代末のこと。一九八八年にゴルフ場が開業し、その翌年頃に海のプールもオープンした。ゴルフ場には豪華な宿泊施設があり、事業者は集客のために巨額を投じて海岸一帯のリゾート化を試みた。当初はヨットハーバーの計画もあったという。廃墟となって海岸に残されているレストハウスは、維持管理が困難だったようで数年しか営業されなかった。

やがて一九九一年から九三年の「バブル崩壊」と重なったためか、以降の玻名城海岸はリゾート地というよりも、地元の人たちの磯遊びや海水浴の場として親しまれるようになる。つまり玻名城海岸にあるプールは、リゾート開発ののちに放置されたプール跡だ。

一九八〇年代後半は、日本がバブル景気に沸いた時代。一九八七年にはリゾート法（総合保養地域整備法）が施行されている。都道府県が基本構想をまとめて国が承認すると、税制面や資金面での優遇措置が得られた。当時の沖縄本島では大規模なリゾート開発が相次ぎ、玻名城海岸の開発もその一つだった。沖縄県の（県外からの）入域観光客数は右肩上がりとなり、一九九一年には三〇〇万人を突破している。

バブル景気、リゾート開発というのは、何だか遠く過ぎ去った日の隆盛に思える。

しかし、よくよく考えてみたい。沖縄県の入域観光客数は、コロナ禍前の二〇一九年には一千万人の大台を突破し、過去最高を記録している。その内訳は、およそ七割が国内客で三割が外国客となっている。コロナ禍以降の客数激減は一時的なこととして考えると、沖縄県を訪れる観光客数はバブル崩壊以降も目覚ましく伸びていることがわかる。一九九〇年代以降は航空運賃の規制が緩和され、金銭的に「沖縄が近くなった」ことが、とりわけ大きな要因だろう（『沖縄観光産業の近現代史』参照）。

ただ、一九九〇年代から約三〇年の間に観光客数が三倍以上になるというのは、驚異的な数字

玻名城海岸のプールには白い砂浜が広がる

だ。バブル景気が過ぎ去ったというよりも、今も過剰な開発が繰り返される危険性があることを物語っている。実際に昨今では、国内のみならず海外資本の企業も沖縄のリゾート開発計画に乗り出している。

私は一介の旅人ながら、これからの大規模なリゾート開発はいっさい望まない。資本の論理は理解できる。市場において私自身は（顧客として）対象にならないことも認識している。

しかし、これまでの開発で沖縄の自然環境はよくよく痛んでいる。以前につくられたもの、今あるものを活用することで、もう十分だ。玻名城海岸に放置されたプール跡でも、存分に遊べるのだ。

大規模な開発計画では、「自然との共生」というコンセプトが常套句のように用いられる。その内実はともかく、環境への負荷だけが問題なのではない。開発は規模が大きくなればなるほど、風景を一変させる。一変した風景は、顧客のための場所となって排他性を生む。息づく土地の記憶を薄め、過去との断絶を生んでしまう。それは数値で測れないものの、次世代に引き継ぐべき共有財産の損失だ。

たとえば玻名城海岸がある八重瀬《やえせ》町の歴史で考えてみると、沖縄戦末期の史実や記憶は忘れられないものだ。南部戦線では多くの住民や学徒隊、日本兵が、米軍に追い詰められた。沖縄戦では住民の四人に一人が犠牲になったとされるが、激戦地の具志頭《ぐしかみ》村（現・八重瀬町）では村民の四割以上が亡くなっている。その史実だけでも、過去に思いを馳せられる風景を残す重要性が認識できる。玻名城海岸一帯は一九八〇年代末に整備されたとはいえ、その後は大規模に開発されることもなく、昔ながらの風景が今も残っている。

海のプールで泳ぐことは、単なる娯楽と捉えられるかもしれない。しかし海で泳ぐ行為は、「海や海岸に刻まれているもの」との対話に他ならない。過去と現在が重なり合った時間を泳ぐことであり、土地や海に刻まれた過去の記憶を肌で感じる営みだ。リゾート的なプールではなく、野趣あふれる海のプールに惹かれるのは、その地に刻まれた時間の蓄積を感知できるからではないか。たとえ具体的な像を結ばなくても、人は風景から何かしらを感得する。目には見えなくても何か在る、ともに在る、と。

玻名城海岸を訪れたら、陸《おか》にも目を向けたい。

沖縄の各地で目にする魔除けの獅子《しし》像、シーサー。その発祥は、ここ八重瀬町といわれている。

八重瀬町にある「富盛の石彫大獅子」

富盛《ともり》地区の高台には沖縄最古のシーサー（富盛の石彫《せきちょう》大獅子《おおじし》）が鎮座している。

シーサーがここに置かれたのは、一六八九年のこと。三〇〇年以上も前、集落では火事が相次いでいたという。占い師は火山（フィーザン）と呼ばれる八重瀬岳が原因だとして、その方角に獅子像を設置するように勧めた。そうしてシーサーがつくられ、火災は収まったといわれる。

今も地域の守り神である、石造のシーサーをしげしげと眺めてみたい。

シーサーの表情はどこか笑っているようでもあり、愛嬌がある。ただ獅子像の「体」には、親指をぷすりと射し込んだような穴がぽつぽつと空いている。これは沖縄戦で被弾した跡だ。激しい地上戦の最前線となり、シーサーは兵士の弾除けとなった。過去に思いを馳せられる風景と同じく、最古のシーサーも土地に刻まれた記憶を静かに物語る。

やはり「遠く」に思いを馳せられる場所というのは、私たちの財産だ。
旅の魅力というのは、行動半径の広がりだけではないだろう。
「想像半径」の広がりこそが、醍醐味ではないか。
昔から変わらぬ風景、昔から変わらず存在するものに目を凝らし、耳を澄ませたい。

東京の島プール

美しき二つのプール――乙千代ヶ浜（東京都八丈町）

東京都の伊豆・小笠原諸島には、一一の有人島がある。

はじめて私が東京都の島を旅したのは、進学で上京した三〇年以上も前のこと。大学のダイビング部に入部し、五月の合宿は伊豆諸島の三宅島だった。民宿で目を覚ますと、きりっとした朝の寒気、澄んだ空、野鳥の鳴き声が迎えてくれた。海はとびきり美しい。

一方の都心というのは、（利便性を享受しつつも）じつに息苦しい。社会人になって忙しくなると、自然は遠くなり、仕事と消費の一辺倒になる。難儀な仕事、面倒な人間関係にも苛《さいな》まれる。その

ため休暇を取得しては小笠原諸島へ出かけ、週末といった短い休みには伊豆諸島に一人で通った。

そうして気づけば五〇代となり、ようやく仕事にも余裕が生まれてきた。

――とは到底いえないのが、私の哀しき現状だ。四〇代後半からフリーランスの編集者・ライターとして働いているものの、編集を担当する書籍の進捗によっては一向に休めない。進行中の書籍が重なり、期日に追われることも多い。文章を書く仕事においても同様で、時おり疲弊しては鬱屈しそうになる。

心が折れそうなときは、やはり脱出が必要だ。

九月上旬の平日、伊豆諸島の八丈島へ向かう。

天気予報は晴れ、波の高さは一・五メートルと穏やかそうだ。そのため前日の夕方になって、飛行機を予約した。羽田七時三〇分発の便に加えて、同日の八丈島一七時三〇分発の便だ。

日帰りで八丈島の旅というのは、いかにも勿体ない。しかし抱えている仕事の進捗を考えると、やむを得ない。ただ前日に思い立って出かけられること、と、荷物も最小限で済むことを考えると、日帰りの島旅は気楽だ。

飛行機は一時間ほどで羽田空港と八丈島を結ぶ。さっそく現地で原付バイクを借りて、朝方の八丈島を駆ける。みずみずしい緑の樹々、島を取り巻く群青色の海。

何だろう。島を駆け抜けていると、不意に「若さ」を取り戻したような気持ちになる。やはり昨夜まで鬱々と仕事をしていたことの反動か。それとも八丈島で遊んだ遠い日の記憶がよみがえるからなのか。

ふと、アーネスト・ヘミングウェイの小説が頭に浮かぶ。

「青春をもう一度生きているみたい」という、印象的な表現が込められた一節だ。

長い直線道路を時速七十マイルのスピードを保って走りつづけると、二人だけの涼風が車内を吹き抜け、風景がどんどん背後に流れてゆく。ヘレーナが言った。「飛ばして走るのって、楽しいわね？　青春をもう一度生きているみたい」

「どういう意味だい、それは？」

「そうね、どう言ったらいいのか。きっと青春時代のように、世界の奥行が浅く、凝縮されて見えるからじゃないかしら」

（「異郷」『蝶々と戦車・何を見ても何かを思いだす』高見浩訳）

『異郷』（原題：*The Strange Country*）は、ヘミングウェイの自伝的要素が濃いであろうロードノベル。スペインの戦場に赴くことを逡巡する中年作家と若い女性が、アメリカの東海岸から西海岸へ車で気ままに旅をする物語だ。

「青春をもう一度生きているみたい」という感覚は、なぜか風光明媚な道を駆け抜けている際に生じやすいのではないか。とりわけ車やバイク、あるいは自転車で疾走すると、不意に生じるのではないか。

それは駆け抜けるスピードと、（かつての）若さという「勢い」が重なり合うからなのかもしれない。青春というのは可能性を信じて人生をぐんぐん前に進めていこうとする力だとすると、そこには「人生を駆けている」という疾走感、勢いが生まれる。バイクなどを駆る感覚と相似的だ。目の前を流れる美しい景色も、何もかもが新鮮に目に映った若い頃の感覚と重なり合う。

私のしょぼくれた現実はともかく、一瞬でも「若さ」を取り戻せたのであれば、せわしい日帰り旅も悪くない。

二〇分ほど原付バイクを走らせ、八丈島の南部にある乙千代ヶ浜《おっちよがはま》に到着した（カラー写真六頁上）。ここには二つの美しきプールがある。

一つは夏季限定で開設される、子ども用の海水プール（七月中旬から八月末）。海岸の岩場をくり抜き、全面をコンクリートで整備したものだ。プールの開設期間中は、毎日ポンプで海水が汲み上げられる。今回訪れたのは九月のため、海水プールは期間外となって水が抜かれていた。

もう一つは、潮だまりをわずかなコンクリートで囲ったプール。自然の地形を利用して、岩の間をつなぐようにコンクリートで囲っている。子ども用の海水プールと区別するために、こちらは「タイドプール」と呼ばれている。潮だまりのプールはポンプ式ではなく、潮の干満によって水が循環する。そのため、（海況次第で）いつでも利用できる。

時刻は朝の九時過ぎ。プールには、誰もいない。黄色い旗が掲げられているのは「遊泳注意」

乙千代ヶ浜（八丈島）

絶景度　★★★★★
天然度　★★★★★
透明度　★★★★★
魚影　★★★★★
東京都八丈町樫立
プール：約35m×20m
水底：ナチュラル
竣工：1970年代と推定
（手前は子ども用プール。
左奥は潮だまりのプール）

の知らせ。八丈島は九月下旬まで、海水浴状況を旗の色によって発信してくれている。外洋は遊泳注意の通り、強い波が打ち寄せ、岩場で白く砕ける。一方のプールは岩とコンクリートで囲われているため、鏡のように静かな水面だ。

いそいそと水着に着替え、プールに身をひたす。気温は三二度、水温は二八度ほど。仕事で凝り固まった心身が、一瞬にしてほぐれる。

プールは楕円形のような形状で、三五×二〇メートルほどある。水深は浅いものの、一部の深いところでは二メートルほどになる。

雲一つない空から光が降り注ぐ。乙千代ヶ浜の水の透明度は格別だ。囲っているコンクリートの穴（取水口）から、太平洋の澄んだ水がどっと流れ込んでくる。時おり砕けた波が、囲いを越えてプールに覆いかぶさる。

海のプールは小魚を育む。水中を覗くと、魚影がやけに濃い。海面すれすれには、針のように口先が尖った魚がゆらめく。三〇センチほどの大きさで、顎《あご》の形で見分けると、サヨリではな

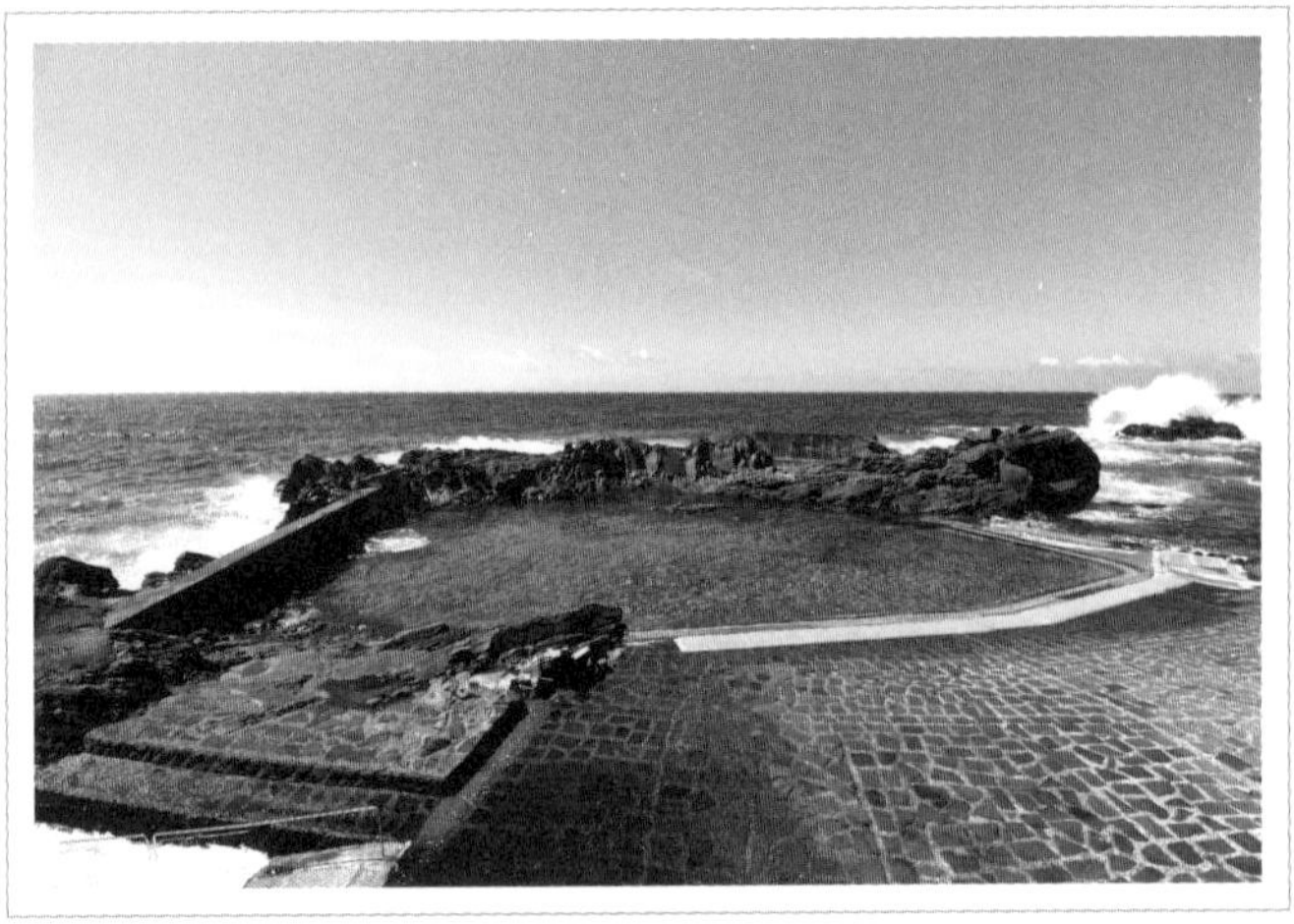

岩に囲まれた潮だまりのプール

くダツだ。一五センチ大の魚の群れは、ギンユゴイ。尾びれのゼブラ模様とメタリックシルバーの体が美しく、見飽きない。五本の横縞が入ったオヤビッチャは五センチほどの幼魚だろうか、たくさん群れている。

一〇時を回ると、母子、若いカップル、家族らがぽつぽつと現れ、プールは和やかな雰囲気になる。母親に付き添われて浮き輪でちゃぷちゃぷと浮かぶ幼児の笑みは、絶えることがない。その心情はよく理解できる。プールは別世界なのだ。海のプールに浸かると、(厳《いか》めしい)外洋の気配がぱっと消える。海のプールを取り囲む岩は二、三メートルほどの高さがあるため、岩々が「壁」のようになって外洋の荒波から守ってくれる。

乙千代ヶ浜に子ども用のプールが完成したのは、一九六〇年のこと。近くにあった樫立《かしたて》小学校(二〇〇七年に統合され閉校)のプールとしてつくられ、当時

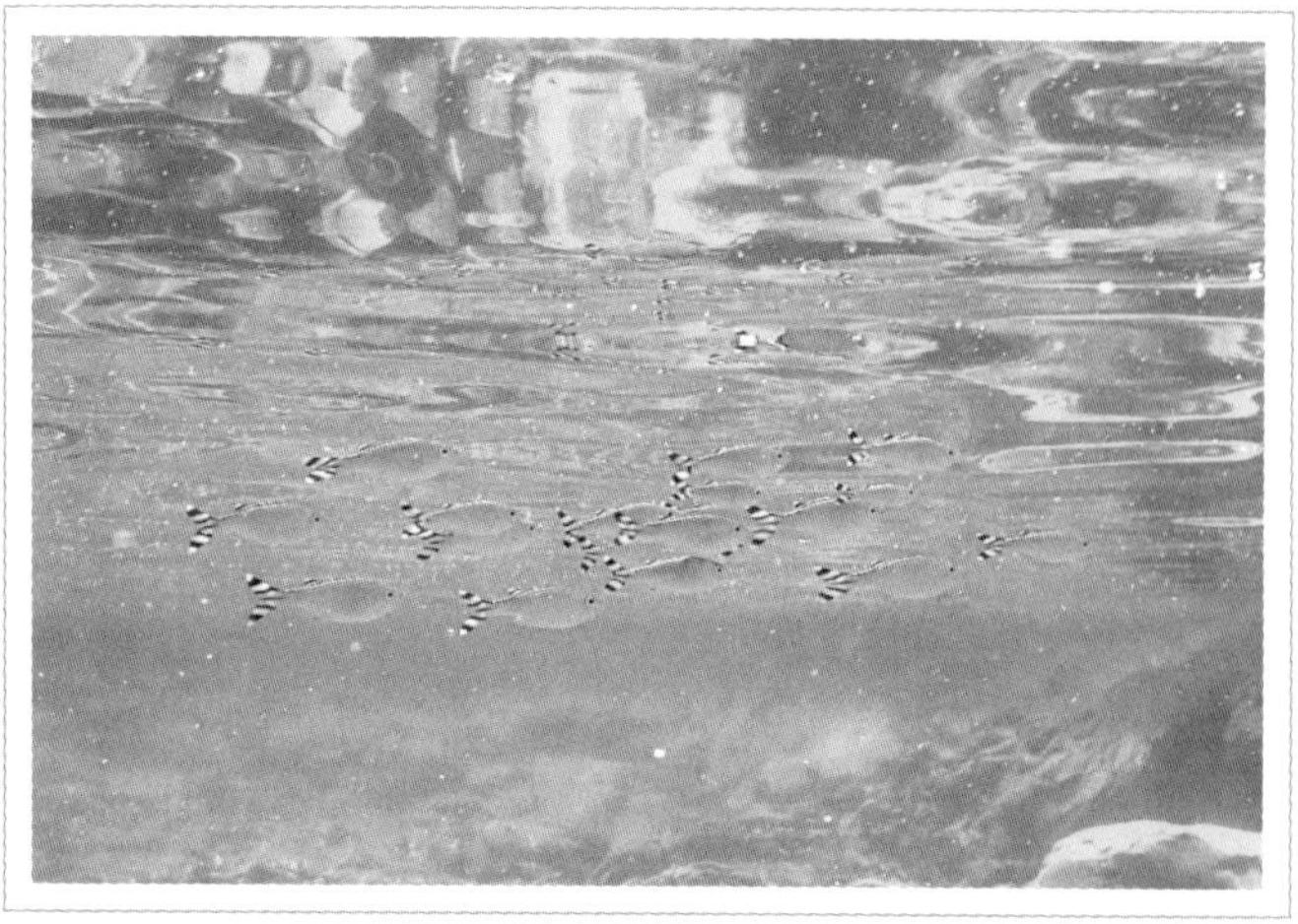
潮だまりのプールではギンユゴイが群れる

の名称は樫立小学校プールだった。
もう一つの潮だまりを囲ったプールは、小学校のプールが完成して以降につくられた。役場などには記録が残っていないものの、過去の空中写真を参照すると、一九七五年や一九七八年の写真には不明瞭ながらプールの影がわずかに写り込んでいるように見える（国土地理院「地図・空中写真閲覧サービス」参照）。おそらく一九七〇年代には、潮だまりのプールも完成していたのだろう。

プールで二時間以上遊んでも、まだ昼前だった。Tシャツを纏って、水着のまま原付バイクにまたがる。八丈島は周囲五一キロ（人口は約七〇〇〇人）と大きく、観光名所も多い。八丈島西岸の旧八重根《やえね》海水浴場、東岸の底土《そこど》海水浴場にも足を運んで泳ぐ。下げ潮の影響もあって、いずれも穏やかな海況だった。ただ透明度や魚影においては、この日は乙千代ヶ浜が最も優れていた。

移動の合間に携帯電話を確認すると、着信履歴や仕事のメールが届いている。日帰り旅は、やはり気楽だ。追って連絡する旨だけを返しておけばいい。

一六時半に原付バイクを返却して、八丈島空港へ。一八時半には羽田空港に到着し、自宅の机に向かったのは二〇時過ぎ。少しだけ作業をして、あとは翌朝から対応すれば間に合う。早めに眠りにつく際、つい先ほどまでの海の感触がよみがえってくる。せわしい一日が終わったというよりも、長い一日を駆け抜けたような充足感を覚える。

でも、私は知っている。満ち足りた思い、澄みきった心持ちは、決して長くつづかないことを。明日から仕事がはじまれば、旅の余韻はさらさらと流れ去り、また疲労がじわじわと蓄積していくであろうことを。

いや、それでもいい。思い立てば、すぐに旅立てる場所がある。海に触れ合える場所がある。東京の島々に限らないだろう。いつでも旅立てる場所、寄り添ってくれる場所を人ぞれぞれ探し求めたい。

起源謎めく憩いの空間――トウシキ遊泳場（東京都大島町）

季節は巡る。一〇月も下旬になった。近年は気候変動の影響か、「秋晴れ」「行楽の秋」といった季節感を期待すると、あっさり裏切られる。優れない天候が延々とつづいていた折、「明日は久々の晴天」だと天気予報が告げる。

はかどらない仕事はいったん脇において、出かけたい、泳ぎたい。

相変わらず遅々とした仕事ぶりで課題は山積しているため、伊豆諸島の大島へ（またもや）日帰りで出かけることにした。大島は周囲五二キロ（人口約七〇〇〇人）と大きく、本来であれば島で宿泊してのんびり愉しみたいところ。

翌朝、チケットの予約をせずに竹芝埠頭へ（東京港の旅客ターミナル）。朝八時三〇分発のジェット船に乗り込む。混雑のため臨時便を含む二隻で運航されたことを考えると、予約なしの出発は不用意だったのかもしれない。ただ日帰りの一人旅は、やはり気楽だ。たとえ満席で乗れなかったとしても、日を改めて出直せばいい。寝坊しても、後日に改めればいい。

一〇時一五分、大島の元町《もとまち》港に到着。港から波浮《はぶ》港行きの路線バスに三〇分ほど揺られ、「海洋国際高校前」で下車する。ここから目的地のトウシキ遊泳場は、歩いて一〇分ほどと近い（カラー写真七頁下）。岩場の海岸であるトウシキ遊泳場に着くと、海から上がってきたダイバーが車で立ち去り、誰もいなくなった。

トウシキ遊泳場は大島の最南端に位置し、群青色をした太平洋が目の前にどんと横たわっている。南の沖合には利島《としま》や鵜渡根島《うどねじま》、新島《にいじま》など、伊豆諸島の島々が眺められる。予報通り快晴で、海況も穏やかだ。

トウシキ遊泳場には、潮だまりをコンクリートで囲ったプールがある。二〇×一〇メートルほどの小ぶりなものだ。

周囲に誰もいないことをしっかり確認し、衣服を脱ぎ捨てる。やわらかな秋の陽光に全身を包まれると、思わずそのまま手を止めたくなる。が、海は万人に開かれた公共の場所。ゆっくりゆっくりと水着に着替える。気温は二〇度を少し上回り、水温は二三度。念のため上半身だけ二ミリ厚のウエットスーツを纏う。

プールの水は澄みわたり、まばゆい陽射しが水中を鮮やかに彩る。おおむねプールは浅いものの、二メートルほどの深さになる場所もある。プール内は多くの小魚で賑やかだ。幼魚だろうか、三センチほどのミナミハタンポが、玉のようになって群れている。プールは水の循環に優れ、外洋のうねりが押し寄せては、プール内がゆっさゆっさと大きく揺れる。プールを囲うコンクリートの底には隙間があり、そこから海水が勢いよく流れ込んでくる。小さなプールかつ魚影が濃いため、魚とともに湯船に浸かっているような心持ちになる。

トウシキ遊泳場のプールは、じつに謎めいている。

いつつくられたのか、役場や漁協はじめ各所に問い合わせてみたものの、不詳だった。ここまで（海のプールの）起源を辿れないことは、滅多にないことだ。唯一手がかりを得られたのは、東京都島しょ農林水産総合センター（大島事業所）。大島で生まれ育った長老の話では「七、八〇年ほど前には、すでに存在していた」とのこと（二〇二三年時点）。それを踏まえると、一九五〇年代以

トウシキ遊泳場（大島）

絶景度　★★★★★
天然度　★★★★★
透明度　★★★★★
魚影　★★★★★
東京都大島町差木地
寸法：約20m×10m
水底：ナチュラル
竣工：1950年代以前と推定

前につくられたことになる。ただその用途は、魚やエビを養殖するためだったようだ。東京都の水産試験場（現・島しょ農林水産総合センター）が研究用の生け簀《す》として造設した可能性もある。東京都の水産試験場は、一九二八年に設立された東京府水産試験場にルーツがある。そのことを考えると、トウシキ遊泳場のプール（コンクリートの囲い）は戦前のものかもしれない。

そう、トウシキ遊泳場のプールは、当初は生け簀としてつくられた可能性が高い。それが今では小さな子どもの遊び場、海のプールとして親しまれている。

トウシキ遊泳場のプール周辺には、大きな天然の潮だまりがある。潮だまりは玄武岩《げんぶがん》の溶岩でできた岩礁に囲まれている。そのため、波は穏やかだ。潮だまりはプールよりも透明度が高く、魚影もひときわ濃い。オヤビッチャ、メジナ、ツノダシ、ルリスズメダイなどが、ゆらゆらと群れ、イソギンチャクにはクマノミが見え隠れする。珊瑚も点在している。水深は深いところでは三メートル以上となり、不意にウミガメが水中を舞うように横切っていく。

ミナミハタンポの群れ

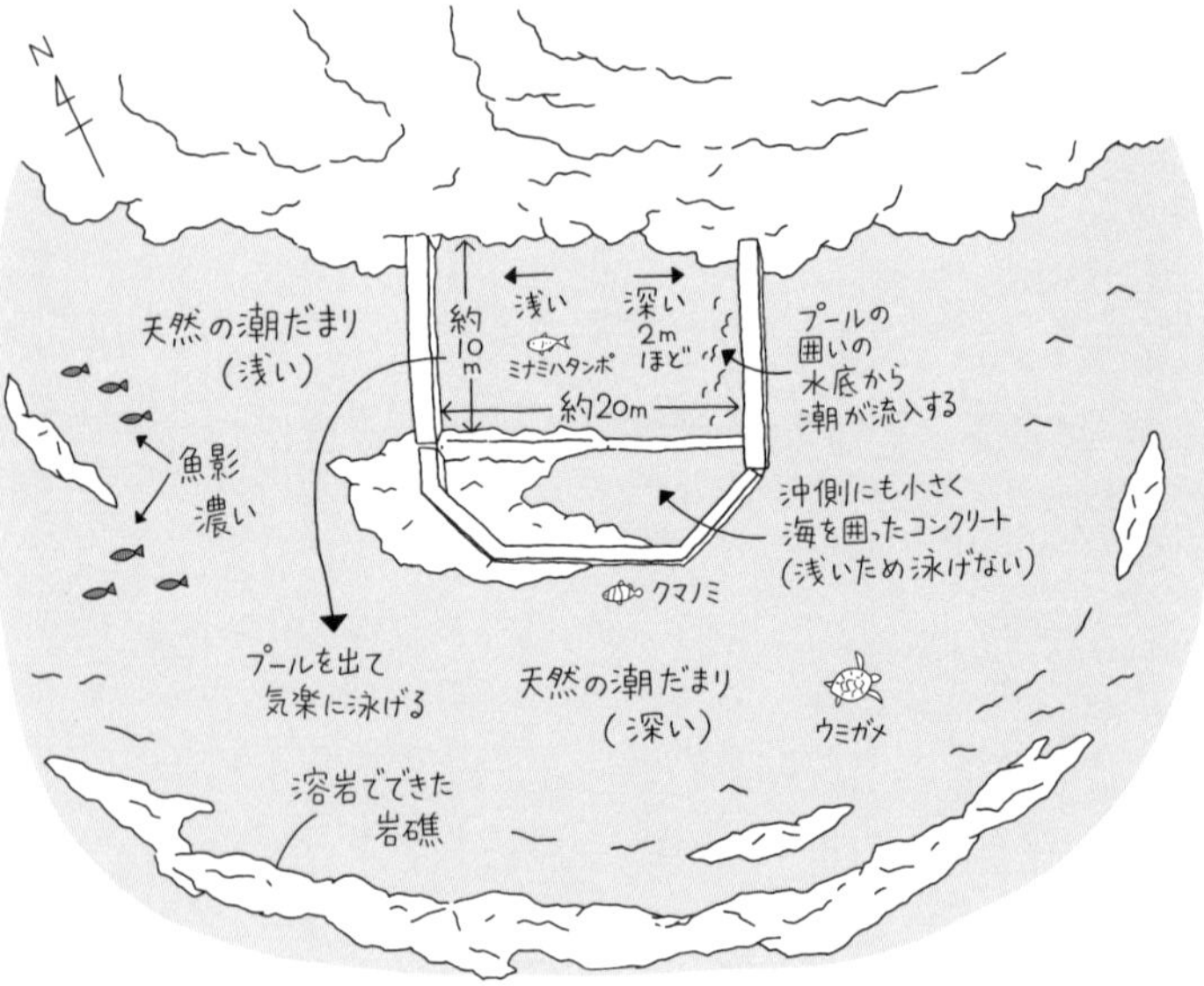

トウシキ遊泳場

それにしても秋の透明感は、格別だ。空も海も陸《おか》の景色も澄みわたっている。なのに夏の名残で、まだ海水温は二三度もある。気温のほうが低いため、水から上がった際の寒さだけ、気をつければいい。誰もいないトウシキ遊泳場で二時間少々遊び、水から上がる。名残惜しいものの、帰りの路線バスの時刻が迫っている。

一三時半過ぎのバスに乗り、元町港に戻る。売店で大量のパンを購入しては、一気に平らげる。大島名産の牛乳煎餅も頰張る。あとは一四時半過ぎに発つジェット船に身をゆだねるだけ。竹芝埠頭には一六時二〇分に到着するため、帰宅してもまだ一日の活動時間は残される。

大島を発った船の左手（西側）は、贅沢な眺望だ。澄みきった空に浮かぶ富士山のシルエットがずっと併走してくれる。

ジェット船はいたって揺れが少ないため、往路と同じく読書がはかどる。が、ほどなくして指の力が抜け、深い眠りに落ちる。

ふと目を覚ますと、空はもう茜色に染まっている。

もうすぐ接岸だ。東京湾岸の高層ビルは、途切れることなく窓を流れる。

第3章
海のプール新旧探訪編

私が泳いでいるのではない。水がゆらゆらと
私を泳がしてくれるのだ。

高橋秀実『はい、泳げません』

消えた海のプール

失われる屋外プール

これまで見てきたように、海のプールは全国的に数が少ない。そもそも人工的な屋外プールであっても、その数は減ってきている。そう、陸《おか》にあるプールであっても、決して安泰ではない。老朽化などで屋外の公共プールが廃止になるケースは、全国的に見られる。学校のプールにおいても維持管理の負担を軽減するため、民間プール（屋内プール）で授業をおこなうケースも増えてきた。

もう少し仔細に見てみたい。

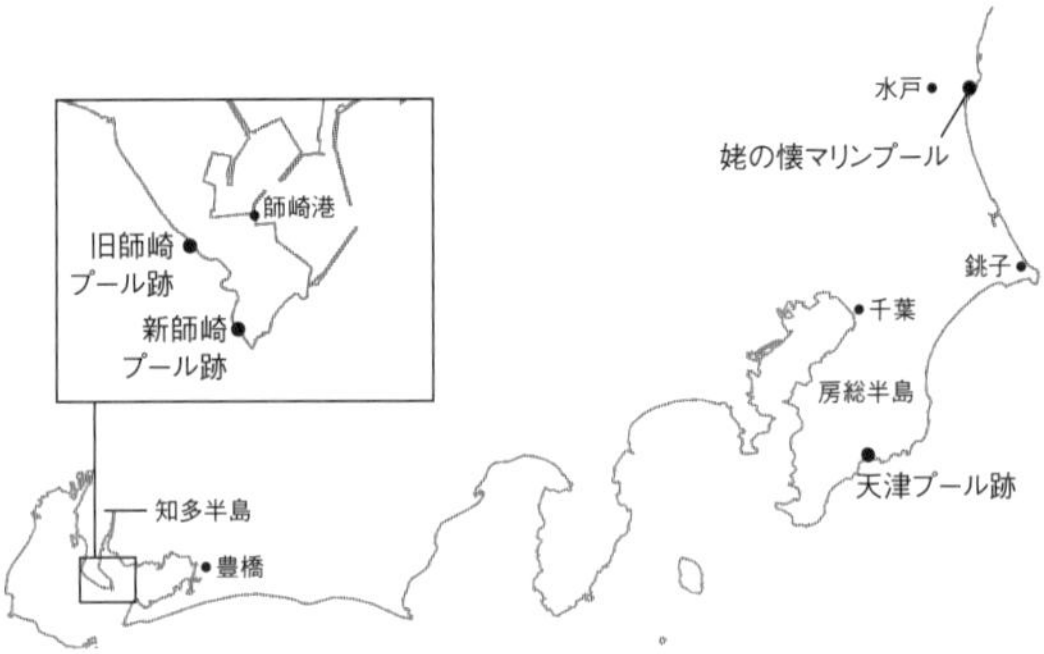

まず体育授業で用いられる学校の屋外プール（大学・高専除く）は、一九九六年の調査では全国に三万七三四あった。それが二〇二一年の調査では、二万四〇三九に減少している（スポーツ庁ウェブサイト「体育・スポーツ施設現況調査」参照）。全国の公立小中学校の数が年々減少傾向にあることを考慮しても、学校の屋外プールの総数は大幅に低減していることがわかる。

市民プールや区民プールなどとして親しまれている公共の屋外プールも、同様の傾向にある。一九九六年の調査では三八三五だったものが、二〇二一年の調査では一七一九に大きく減少している（同前参照）。屋外にある公共プールは、学校のプールよりも減少割合が高く、二五年の間に半減してしまったことになる。屋内プール（学校、公共施設とも）の総数は変化が少ないため、屋外プールが存続の危機に直面しているといえる。

「屋外プール受難の時代」に危惧を抱くのは、温泉を考えてみるとわかりやすい。もし露天風呂が消滅して屋内の温泉一辺倒になれば、それは文化の喪失といえるだろう。プールも同様ではないだろうか。

ただ温泉とは異なり、屋外プールは夏季の限られた期間しか利用できないという「非効率性」がある。利用者の減少という課題もある。それゆえに毎年の維持管理が財政の負担にもなる。

しかし、どうだろう。屋外プールをもっと広く活用する方法が検討されてもいいのではないか。私論としては、屋外の公共プールを一年中開放してほしい。私自身は冷たい水でも、一年を通じて屋外で泳ぎたい。もし薄手のウエットスーツ着用を許可してもらえれば、間違いなく十分に愉

ブルーラグーン（アイスランド）

しめる。

ただ安全管理が厳しく問われる日本では、その実現はやはり困難なのだろう。ならば電気代を抑えるために地熱を利用して、冬でも泳げる温水の屋外プールはどうだろうか。北欧のアイスランドにあるブルーラグーンのように、観光名所になるのではないか。ブルーラグーンは世界最大の露天風呂として知られるものの、「広大なプール」としての魅力も兼ね備えている。どんなに気温が低くても、やはり屋外で泳げることは何ものにも代えがたい。

このように見ていくと、日本では屋外プールが岐路に立たされていることがわかる。そのことを踏まえると全国的に稀少な海のプールでさえも、さらなる減少に見舞われることも考えられる。

実際に全国を見わたすと、消えた海のプールが多々存在している。護岸工事や埋め立てによって跡

旧師崎プールの跡が海岸にわずかに残る

形もなく消えたもの、使われなくなって海岸の砂に埋もれてしまったもの、波に洗われて消えかかっているもの、廃墟と化しているものなど、様々なケースがある。

師崎プール跡（愛知県南知多町）

伊勢湾に長く突き出した愛知県の知多《ちた》半島を見てみよう。半島の先端には師崎《もろざき》港がある。師崎港は日《ひ》間賀島《まかじま》や篠島《しのじま》を結ぶ船が発着する。両島は名古屋圏であれば日帰りでも愉しめるため、週末の師崎港は賑わいを見せる。

その師崎港の近くに、旧師崎プール跡がある。伊勢湾に面した海岸には、海をコンクリートで囲った跡がほんの少しだけ残っている。海岸は消波ブロックでしっかり護岸されており、昔の面影はほとんど残っていない。消え入りそうなプール跡を波がしき

新師崎プールの跡

りに洗う。

　役場によると、旧師崎プールがつくられたのは一九三〇年頃のこと。子どもたちに安全な泳ぎ場を提供するのが目的だったようで、一九七三年まで使われたという。

　ただ不思議なのは、旧師崎プール跡から二〇〇メートルほど南東へ歩けば、再び海岸にプール跡が現れるということ。こちらは新師崎プールの跡だ。海岸から突き出すように、コンクリートで海を四角く囲っている。四〇×二〇メートルほどと大きく、比較的新しいプール跡だ。プールには濁った水がたまり、藻やゴミが浮いている。そのため泳げるような状態ではない。

　新師崎プールは老朽化した旧師崎プールの代わりとして、一九七三年につくられた。主に地元小学校の水泳授業で使われたものの、学校の敷地内にプールが建設されたため（一九九九年）、新師崎プールは以降使われなくなった。

全国的に見ると、海のプール跡が二つも近接して残っていることは珍しい。

天津プール跡（千葉県鴨川市）

次に千葉県の房総半島を見てみたい。

外房の天津《あまつ》海岸（鴨川市）にも、海のプール跡がある。ＪＲ安房《あわ》天津《あまつ》駅から海岸までは五〇〇メートルほどなので、アクセスしやすい。明神礁《みようじん》と呼ばれる浅瀬が広がる海岸に下り立つと、じつに立派なプール跡が残されている。大きさは四〇×一五メートルほどある。やはりプール内部は淀んだ水がたまって、泳げるような状態ではない。

郷土資料館（鴨川市）によると、プールは一九三三年頃につくられた。ちょうど漁港の整備がおこなわれた時期で、海岸整備の一環として造設された可能性もあるという。実際にプールが使われていたのは昭和四〇年代までとみられ、昭和五〇年代には使われなくなったそうだ。

プール跡の脇には「天然記念物縣《けん》指定　明神の鯛《たい》」と刻まれた石碑が建っている。その歴史は大正時代に遡る。この海域に群れて生息するクロダイを観賞用として保護する要請が、地元から上がった。そのため昭和となった一九三五年に県は、漁を禁じて天然記念物に指定した。そうして鯛の見物船が運航され、観光名所として大いに賑わった。海上で船べりを叩くと、いっせいに

天津海岸にあるプール跡

鯛が集まってくる。鯛が船の周りでエサを食べる様子は壮観だったという。見物船は一九七〇年代まで運航されていた。

このようにプールが使われていた当時の天津海岸は、行楽地として大いに賑わっていた。海水浴場も開かれ、避暑客で活況を呈していた。そのため海が荒れても遊びやすいように、プールがつくられたようだ。プールが使われなくなったのは、行楽地としての賑わいが失われたことに関連するのだろう。

特筆すべきは、一九三三年頃につくられたプールが、今もほぼ原形をとどめていることだろう。手入れをすれば再び利用できるのではないかと思えるほど、美しい形だ。郷土資料館によると、隣町である安房《あわ》小湊《こみなと》にも、天津海岸と同時期に海のプールがつくられたという。ただ安房小湊の場合は、漁港の整備によってプール跡は今や残されていない。たとえ使われなくなった海のプールであっても、その跡が残っているのは貴重なことだ。

天津プール跡では泳げないため、周囲に広がる浅瀬の水中を観察してみた。澄んだ海に目を凝らすと、クロダイが悠々と泳いでいる。また、大きさ三〇センチほどのカレイ（あるいはヒラメ）をうっかり踏んづけると、ばさばさと羽ばたくように逃げていった。プール跡周辺に広がる海は美しく、行楽地として賑わった往時を偲ぶことができる。

姥の懐マリンプール（茨城県ひたちなか市）

少子高齢化が進む時代において、現存する海のプールが使われなくなり、「新たなプール跡」が生まれてしまうことはあるのだろうか。

茨城県ひたちなか市に、海のプール「姥《うば》の懐《ふところ》マリンプール」がある。『写真集　那珂湊《なかみなと》市史』には、一九五一年に建設された「姥の懐海水浴場（海中プール）」の写真が掲載されている。海をコンクリートで四角く囲ったプールで、多くの海水浴客が写り込んでいる。また一九六一年に追加建設された「海中プール」の写真も掲載されている。増設によって倍の広さのプールになったことから、当時の活況が窺える。

現在の姥の懐マリンプール（竣工一九九七年）は、当時のプールとは形状が大きく異なっている。おそらく往年のプールよりも大きく、七〇×三五メートルほどある。

姥の懐マリンプール

姥の懐マリンプールは、ひたちなか海浜鉄道の殿《との》山《やま》駅から道のりで一キロほどなので、アクセスしやすい。海を囲うコンクリートは低く設計されており、開放的なプールだ。時おり外洋の波が、プールの縁を越えて流れ込む。例年七、八月に無料で開設され、期間によっては愛犬と一緒に泳げる「ドッグプール」にもなる。

しかし二〇二〇年から、新型コロナウイルスが全国に感染拡大した。それにより姥の懐マリンプールは、以降三年連続で開設中止となってしまった。感染防止という観点では妥当な判断であるものの、三年という長いブランクはプールの将来に暗い影を落とす。

長らく閉鎖されたことによって、施設の老朽化は確実に進む。姥の懐マリンプールの場合は、外洋からプールに砂が入り込みやすい。そのため、長期にわたって蓄積した砂や泥を重機で取り除く費用も生じる。また、プールの利用者も減少傾向にあった。二〇一三年には一万三七〇〇人の利用者があったものの、コロナ禍前の二〇一九年には七三〇〇人に減少していた。

コロナ禍で長らく閉鎖されたことが契機となり、姥の懐マリンプールは廃止される方向で議論されている。ひたちなか市によると、プール以外での活用方法を検討中とのことだった。

このような例は、姥の懐マリンプールに限らないだろう。コロナ禍によって二〇二二年の夏も開設されなかった屋外プールあるいは海水浴場は各地にある。二〇二三年の夏以降はどのような経緯を辿るのか、気にかかる。

今、私たちにできることは何だろう。

現存する屋外プールや海水浴場は当たり前の存在ではなく、かけがえのないものとして再認識することなのだろう。過ぎ去る一夏を惜しむようにして、プールや海へと足を運びたい。

北海道の新旧プール

安心して泳げる広大な新プール――厚田海浜プール（北海道石狩市）

ここでプールの減少だけでなく、海水浴場の推移も見てみよう。

まず全国にある海水浴場の数は、二〇二一年の時点で一〇一一ある。ただ一九九九年は一三一四、一九八五年は二〇五四だったことを振り返ると、およそ三五年の間に海水浴場の数は半減してしまったことになる（『データでみる県勢』1989-90、2001、2023年版参照）。

また海水浴客の数についても、一九八五年には三八四〇万人だったものが、東日本大震災前の二〇一〇年には一四八〇万人、コロナ禍前の二〇一九年には六三〇万人に減少している。およそ

三五年の間に、八割以上も減っている（『レジャー白書』１９８６、２０２０、２０２２年版参照）。この数字は実数ではなく定量調査に基づく推計ではあるものの、海水浴客数が大きく減少している傾向は読み取れる。二〇二一年の数は三〇〇万人とコロナ禍でさらに半減しているが、この数については今後反動が生じるだろう。

このように見ていくと、手軽な海水浴であっても長期低迷の傾向は否めない。海水浴が夏の風物詩であること自体、もはや揺らいでいる。そのことを考えると、新しく生まれた海水浴場には、ひときわありがたみを感じる。

北海道には、比較的新しくつくられた海水浴場が二つある。いずれも海のプールとして造設された、貴重なものだ。

まずは漁港整備事業の一環として、二〇〇九年に完成した厚田《あつた》海浜プールを見てみよう（カラー写真八頁下）。石狩湾に面した海のプールで、海水浴場として七月上旬から八月下旬まで開設される。

七月下旬の昼前、新千歳空港から札幌駅に到着した。気温は三〇度ほどで、いたって暑い。汗を滲ませながら、厚田行きの路線バス（札厚《さつあつ》線）に乗り込む。バスはゆっくりと時間をかけて市街地を抜け、海沿いの道を北へと走る。終点のバス停（道の駅「あいろーど厚田」）までは、一時間半もかかる。ただ眠ったり本を読んだりすればいいので、がたがたと心地よく揺れる空間は快適だ。一三時になって終点に到着すると、降り立った客は私

厚田海浜プール

絶景度　★★★★★
天然度　★★
透明度　★★
魚影　★★★★★
北海道石狩市厚田区厚田
寸法：約250m×100m
水底：造成砂浜
竣工：2009年

一人だけだった。

道の駅で腹を満たし、四、五〇〇メートルほど歩けば厚田海浜プールに到着する。海を巨大な防波堤で囲った海水浴場だ。四角く囲われた海の大きさは、砂浜を含めると二五〇×一〇〇メートルほどもある。平日のためか、海水浴客は一〇〇人に満たないくらいだろうか。広大な海水浴場であるため、閑散とした雰囲気に映る。

さっそく水に浸かってみると、躊躇する冷たさ。水温を測ると二二度。気温は札幌よりも低く、二六度ほど。それでも陽が射しており、水温が二〇度以上あるのはありがたい。じきに身体は順応する。海のプールに波はいっさいなく、湖面のように穏やかだ。プールの水底はさらさらの砂浜で、水深も浅い。一五〇センチよりも深い場所はブイで仕切られ、遊泳区域外になっている。小さな子どもでも安心して遊べる海水浴場だ。

防波堤にはコンクリートが途切れた箇所（取水口）があり、海水は緩やかに循環している。水の透明度はやや低いものの、魚影は濃い。多くはワカサギに似た、十数センチ大のチカだろう。

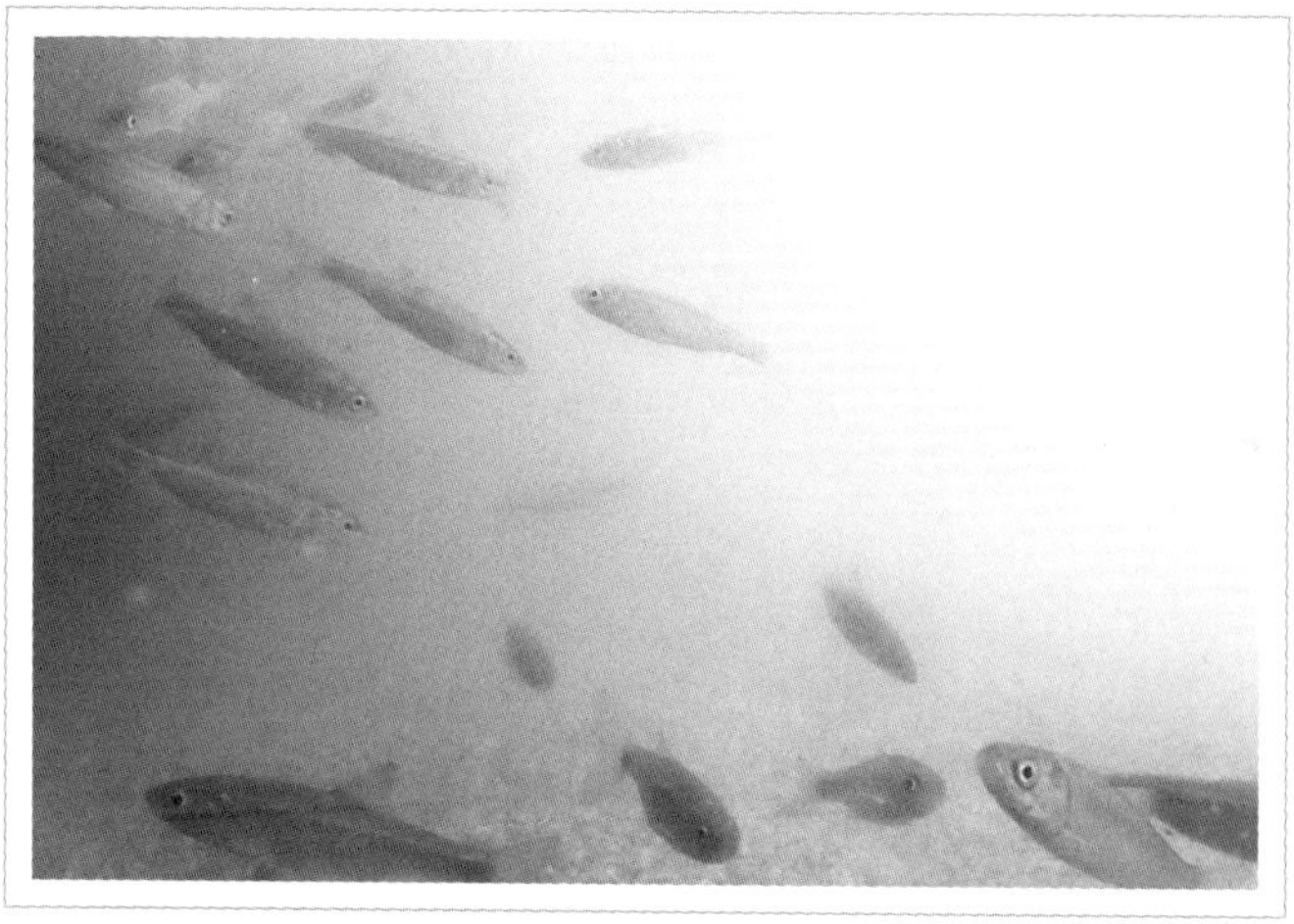

プールで見られたチカの群れ

人がいると砂が巻き上げられるため、エサ探しに好都合なのだろう。すぐにチカの群れに囲まれる。ゆるゆる泳ぐと群れも追いかけてきて、またぐるりと取り囲む。できる限り魚の目を見つめて、じっくりと観察したい。一人海水浴の愉しみは、生き物と存分に対話ができることだ。

監視員に話を伺うと、海水浴の期間中は「台風を除くと、泳げない日はほとんどない」という。新しいプールだけあって、二、三メートルほどの高さがある防波堤がしっかりと波をブロックしてくれる。ただ防波堤によって視界が遮られるために、外洋との一体感はやや乏しくなる。それでも海水浴場がつくられたことは、何よりありがたいことだ。札幌市内から車で訪れる人が多く、週末は約二〇〇台の駐車場が埋まってしまうこともあるという。

後日、役所に問い合わせてみると、二〇二二年の利用者は一万二九三八人とのこと。プールができた二〇〇九年は七八二三人なので、利用者数は確実に伸びている。

厚田海浜プールで特筆すべきは、配慮された設計だろう。駐車場の目の前は、もう砂浜だ。しかも駐車場と砂浜の間は高低差がほとんどなく、フラットになっている。バリアフリーへの配慮は、やはり新しいプールならではだ。

駐車場は一七時で閉まるため、夕方になると海水浴客がどんどん減っていく。やがて私一人だけがポツンと取り残される。やはり私以外は、みな車で訪れていた。

路線バスの本数は少なく、一八時過ぎに発つ札幌行きの最終バスに乗る。一九時半になって札幌駅に到着すると、仕事帰りの人々が足早に交差する。

明日は七月最後の週末、土曜日だ。天気予報は晴天を告げている。

北海道の短い夏。きっと多くの人は、週末に備えて家路を急ぐ。

愉しさ満点の新スポット——元和台海浜公園・海のプール（北海道乙部町）

翌日は予報通り、快晴の週末となった。

車を借りて、積丹《しゃこたん》半島をぐるりと回ってみたい。積丹半島の海岸には、袋澗《ふくろま》と呼ばれる海のプールのようなものが点在する。袋澗というのは、かつてニシン漁で用いられた生け簀だ。北海道では江戸時代に本格的なニシン漁がはじまり、明治末から大正にかけて全盛期を迎えた（昭和に入

積丹半島の神恵内村にある袋澗跡

ると衰退）。ニシン景気で得られた富によって、道内各地には「鰊御殿《にしんごてん》」が建てられた。

大漁だった当時、ニシンは陸揚げが追いつかない。そのため海岸を港のように石垣で囲い、生け簀（袋澗）をつくった。そこにニシンが詰まった網を入れておけば、一時的に貯蔵することができた。とりわけ積丹半島西岸にある神恵内《かもえない》村や泊《とまり》村には、今でも多くの袋澗跡が残っている。

そう、小さな港のように海を石垣で囲っているため、袋澗は海のプールのように映る。袋澗で泳ごう――と考えていたものの、袋澗跡は漁協の管理によって立ち入り禁止となっている場所が多い。「養殖場のため立ち入り禁止」といった注意書きは、密漁を防止するためなのだろう。

仕方なく袋澗跡で泳ぐことは諦めて、泊村の堀株《ほりかっぷ》海水浴場でゆるゆると泳ぐ。それにしても快晴の土曜日だけあって、札幌ナンバーの車の往来は激しく、海水浴場も多くの人で賑わっていた。誰もが短い夏の週末を全力で駆け抜けている。積丹半島から札幌に戻り、今度は列車で函館まで移動する。何だか私も短い夏に急き立てられるようにして、移動している。函館に到着したのは二二時頃と、遅い時刻だった。

翌日は七月末の日曜日。

やはり晴天はつづかず、灰色の雲が空を覆っている。

朝七時、函館駅前から江差《えさし》行きの路線バス（函館江差線）に乗る。二時間ほど揺られ、「江差病院前」で熊石《くまいし》行きの路線バス（桧山《ひやま》海岸線）に乗り換える。さらに三〇分ほど揺られ、渡島《おしま》半島の西岸にある「元和《げんな》」で下車する。

元和（乙部町《おとべ》）は日本海に面し、対馬暖流の影響を受けるため比較的温暖な地域だ。岬の突端にある元和台海浜公園は、バス停から近い。目指すは、海浜公園の崖下にある海のプール。名称もまさに「海のプール」となっている（カラー写真八頁中央）。プールがつくられたのは一九九〇年で、ここも比較的新しい。例年、七月下旬から八月下旬まで開設される。

海のプールは、崖や岩場の多い海岸を防波堤や消波ブロックで四角く囲ったもの。防波堤には開口部があり、水が自然に循環する。海のプールの大きさは、一五〇×五〇メートルと巨大だ。水底に石や砂を敷いて、安心して遊べるように深さが調整されている。

元和台海浜公園にある海のプールが何より素晴らしいのは、その動線（プールに至る遊歩道）だろう。海浜公園は標高四〇メートルほどの崖上にある。崖下にあるプールまでは、らせん状の遊歩

元和台海浜公園・海のプール

絶景度　★★★★★
天然度　★★★
透明度　★★★★
魚影　★★★
北海道爾志郡乙部町元和
寸法：150m×50m
水底：一部造成
竣工：1990年

道（「るーぷ橋」）が通じている。プール専用の遊歩道でありながら、巨大な構造物だ。遊歩道から見下ろすプールは美しいと同時に、高低差に少し足がすくむ。らせん状の遊歩道をぐるぐると下っていくと、プールの歓声が少しずつ近づいてくる。小さな子どもは浮き立つ心を抑えきれず、らせん状の道を駆け出しては親に呼び止められる。

遊歩道を回り終えると、全長三〇メートルほどあるトンネルに通じる。ひんやりと薄暗いトンネルは、はやる気持ちを落ちつかせてくれる。トンネルの出口付近では、アルバイトの地元高校生が応対している。ここでプールの清掃協力金として、一〇〇円を支払う。駐車場や更衣室、温水シャワーなどの利用は無料であることを考えると、清掃協力金は公共プールだけあって十分に良心的だ。

トンネルを抜けると、（曇天とはいえ）まぶしさに思わず目を細める。目を見開くと、美しき海のプールは眼前だ。

このようにプールに通じる動線は、高低差、らせん状、トンネルと変化に富んでいる。まるでプールに近づく高揚感を演出してくれているかのようだ。

更衣室で水着に着替えて、いざ海のプールへ。が、思わず緊張が走る。かなり冷たい。水温計で測ると、二一度。先に訪れた厚田海浜プールよりも一度低い。水と空気の熱伝導率の違いによって、水温の一度の差は大きく感じる。気温は二六度あるものの、空一面を覆う雲は陽射しを遮る。大人はちょっと浸かっては、プールサイドで休んでいる。しかし子どもは元気だ。ひたすら水の中ではしゃぎ回っている。元和台海浜公園のプールは外洋が荒れても安心して泳げると評判で、函館市からの家族連れが多い。

腰を落として両肩を浸けると、心は悲鳴を上げる。ゆるりゆるりと冷たさに順応し、そろそろと泳ぐ。ブイで仕切られた岸側は子ども用で浅く、沖側はシュノーケリングができるように深くなっている。最大水深は四メートルもある。ようやく水の冷たさに慣れたものの、水から上がると肌寒さを感じる。が、まったく問題ない。海の家を覗くと、おでんがある。良心的な価格に助けられ、昆布、卵、大根など、どさりと買い込んで、プールサイドでむしゃむしゃ頬張る。そうすると単純なもので、また冷たい水に浸かる気力がわいてくる。

しばらくすると、子ども限定で「無料の手づかみ体験」がはじまった。地元漁師の協力によって得られたウニ・ホタテが、プールにぽいぽいと大量にばらまかれる。子どもたちのお祭りだ。ささやかなイベントと思いきや、じっと観察していると、子どもがどんどんウニやホタテを手にしていく。子どもに限定しているのは、十分に理解できる。この大盤振る舞いは、大人なら色め

「るーぷ橋」を下ると、トンネルを経てプールに通じる

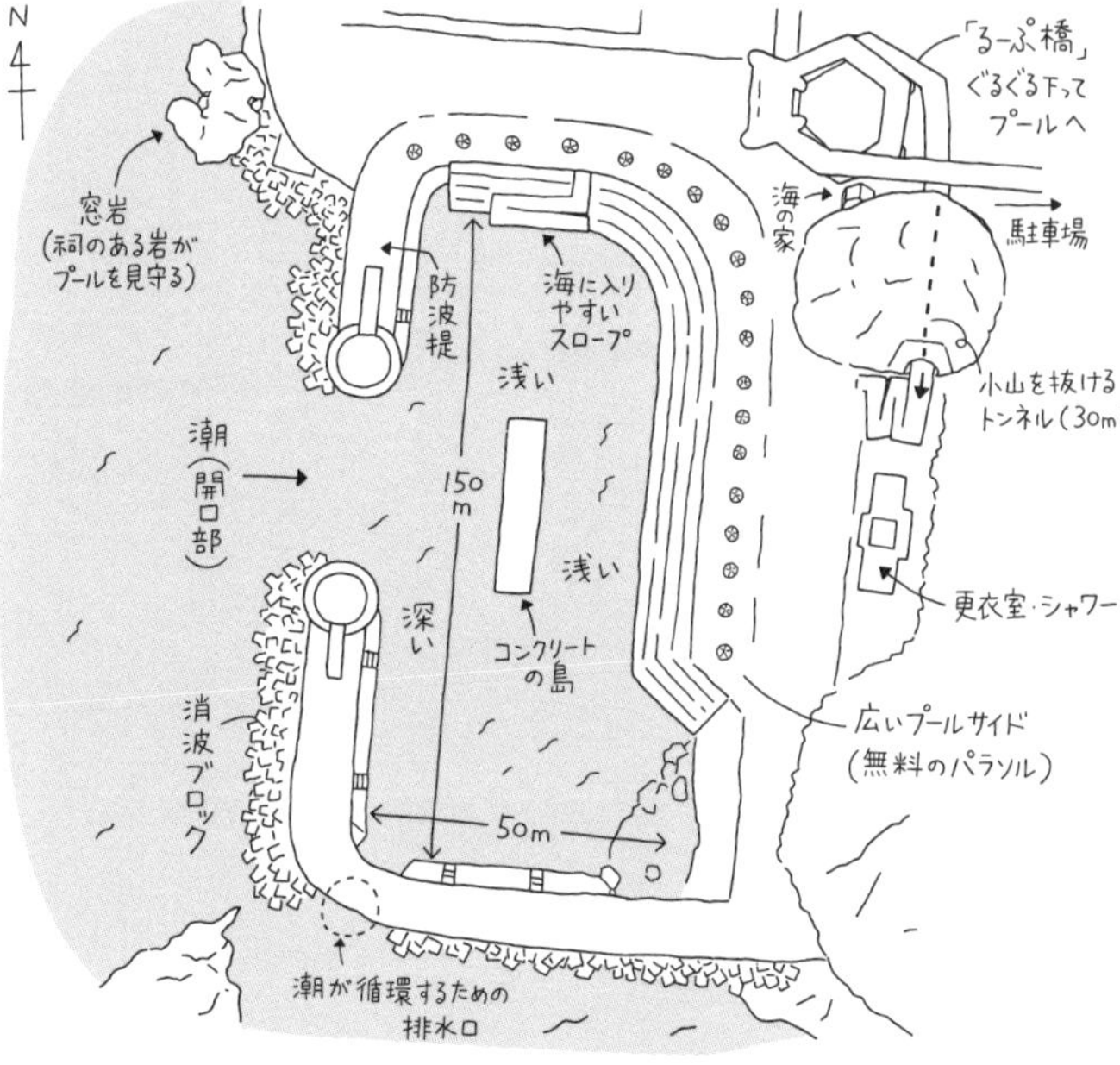

元和台海浜公園・海のプール

き立って修羅場と化すに違いない。

この日は曇りの日曜日といっても、訪れる人は結構多い。入場管理をしているアルバイトの高校生に訊いてみると、「(好天だった) 昨日の入場者は五五四人もいましたよ」と、うれしそうに教えてくれる。後日、役場に問い合わせたところ、二〇二二年の利用者は一万七八六三人とのこと。かつては利用者が三万人を超えたこともあり、人気のプールであることが窺える。

元和台海浜公園にある海のプールは「バリアフリービーチ」と謳われているように、水陸両用の車いすも設置している。プールサイドから水中にスロープが延びており、誰でも海水浴を愉しめるよう工夫されている。厚田海浜プールと同じく万人に開かれているのは、新しいプールならではだ。思い返してみると、元和台海浜公園のプールに至る遊歩道に階段はない。いくつになっても、訪れたくなるプールだ。

名残惜しいものの、三時間ほどでプールを後にする。路線バスの本数が少ないため、徒歩の旅行者である私は一本を逃すと大変なことになる。

トンネルを抜け、らせん状の遊歩道を上がりつつ、海のプールを時おり振り返る。

そして崖上に戻ると、プールの気配は、ぱっと消える。

動線における景色の変化は、やはり素晴らしい。

「るーぷ橋」は日常と非日常をつなぐ、夢のループだ。

ミニ北海道型海中プール跡（北海道八雲町）

バス停「元和」から、再び熊石行きの路線バスに乗る。バスは渡島半島西岸を北上し、乙部町から八雲《やくも》町に入る。三〇分ほど揺られ、「鮎川《あゆかわ》」というバス停で下車する。

函館を早く発ったおかげで、まだ時刻は一三時過ぎ。相変わらず空は曇っているものの、雨に見舞われることはなさそうだ。もう少し海で泳ぎたい。

海岸沿いの国道を熊石漁港に向かって、五〇〇メートルほど歩く。国道から海岸に下りると、平らな岩礁と浅瀬が広がっている。ここはかつて「ミニ北海道型海中プール」と呼ばれていた。そう、海のプール跡だ。一九九二年に完成したものの、わずか数年で使われなくなった。

プールは平らな岩礁をくり抜いてつくられた。「沖側が三角に尖った形」になっているのは、「北海道の形」を模したものだ。国土地理院の空中写真（電子国土Web）で確認してみると、なるほど北海道の形をしている。プールの形を三角形に見立てると、底辺（岸側）は一〇〇メートル、高さ（沖までの距離）は八〇メートルといったところ。

ただ現地を訪れると、プールの形は何だかよくわからない。富士山のように沖側が尖っているかな、といった程度。そもそも、ここがプール跡だとはなかなか気づきにくい。平らな岩礁に広がる、大きな潮だまりのように映る。

プール跡では、数組の家族連れが磯遊びを愉しんでいる。私もさっそく海に浸かってみる。

沖側が三角に尖った形（北海道を模した形）の「ミニ北海道型海中プール」跡

岸側を浅いプール、沖側を深いプールとしたのだろう。掘られた深さが異なっている。どうやら水の循環が悪いようで、水中は藻が多く魚影は薄い。プールの底は、砂が泥のようにたまっている。

「北海道型」の先端箇所（三角形の頂点にあたるところ）に取水口が掘られており、どぶどぶと沖から潮が流れ込んでくる。しかし流れ込んだ水は循環するというよりも、広い岸側（三角形の底辺）に向かってべたっと拡散していく。異色な形状ゆえ、プール内は水が淀んで砂がたまりやすいのかもしれない。プール跡で泳ぐというよりも、周辺での磯遊びが適しているのだろう。

夕方となり、家族連れは近くに停めた車でぱらぱらと帰路につく。車はみな函館ナンバーだった。やがて私一人が、プール跡に取り残される。路線バスの本数は少ないため、一七時半までバスは来ない。海から上がり、バス停のある鮎川集落をぶらぶらと歩く。出会った幾人かにプール跡のことを訊くと、集落では人口が減って今やプール跡で遊ぶ人はいないそうだ。子どもがいる親も、海水浴なら車で元和台海浜公園のプールに出かけるという。「（プール跡は）泥もたまってますから」と。プールが数年しか使われなかったのは、泥がたまって整備しにくい背景があったようだ。

プールの話よりも、みな私が徒歩の旅行者であることを気遣ってくれる。本数の少ない路線バスでわざわざプール跡を訪れて、こんな（夕方の）時間になっても大丈夫か、と。

薄暮の迫る集落に、一七時半のバスが滑り込んでくる。

路線バスを乗り継ぎ、来た道を折り返す。函館に戻ると、もう二一時を過ぎていた。

翌日の函館は、強い雨。

短い旅だというのに、季節が巡るような錯覚を覚える。八月初日を迎えた函館は雨に煙り、まるで夏が通り過ぎてしまったような静けさに包まれている。

鹿児島の絶景プール

消えた枕崎プール

ただただ暑い。

八月中旬、朝早い飛行機で東京から鹿児島空港に降り立った。高速バスに二時間ほど揺られ、薩摩半島の南西部にある枕崎市に到着。鹿児島市の気温は三六度予報だったものの、枕崎市は海風のおかげか三三度と若干低い。それでも昼過ぎに枕崎駅前から南へ一キロほど歩いていると、汗がとめどなく滴《したた》る。海、海を目指そう。

枕崎漁港の東側に、かつて薩摩藩の砲台があったという台場《だいば》公園がある。広大な芝生がまぶし

コンクリートの囲いが残る枕崎プール跡。中央奥に見える小さな穴は取水口

い海辺の公園だ。台場公園の東端から海岸に下り立つ。消波ブロックで護岸されているものの、磯遊びができる岩礁が広がっている。

もうプール跡は、ほとんど残されていなかった。

磯に点在する岩をつなぐように、コンクリートで海を囲ったわずかな跡だけが残っている。プール跡のコンクリートには、取水口だった穴もある。役所に問い合わせると、いつ海のプールがつくられたのかは不詳とのこと。ただし、一九七八年までは使われていたという。

ちょうど大潮の干潮時。プール跡の海水はほぼ干上がり、到底泳げない。

もう暑さは限界だ。プール跡のある岩陰で、汗に濡れたシャツを脱いで水着に着替える。プール跡周辺の潮だまりを見つけて、身をひたす。

これでひと安心と思いきや、水はぬるい。水温を測ってみると三〇度もある。もう少し冷たい水はないかと、潮だまりの「はしご」をする。潮だまりがいくつもある、美しい磯だ。小さな潮だまりに浸かっていると、やがては泳ぎたくなってくる。かつてここに海のプールがつくられたことは、十分に理解できる。

ただ海岸一帯は、高潮対策の離岸堤《りがんてい》工事が進められている。やむを得ないにせよ、美しい磯が工事によってどんどん失われるのは、やはり心惜しい。離岸堤の工事によって、プール跡もさらに失われつつある。

極上の開放感——台場公園海水プール（鹿児島県枕崎市）

幸いなことに、台場公園には公共の屋外プールがある。海のプールに代わって一九七九年につくられた、台場公園海水プールだ（カラー写真八頁右上）。（海のプールよりも）広く、安心して遊べる場所として開設された。

ここは海辺にある人工的な屋外プールであって、厳密には（野趣あふれる）海のプールではない。プールの海水は、ポンプによって海から汲み上げられている。

とはいえ、まったくもって侮れない。特筆すべきは、その開放的な美しさ。プールは海岸のすぐ脇にある。広大な芝生がまぶしい公園に、青々と水をたたえたプール。群青色の海、緑の芝生、水色のプール——。鮮やかなコントラストが美しい。プールは地表を掘るようにしてつくられて

台場公園海水プール

おり、低い柵で囲われているだけ。そのため海との一体感、公園との一体感がある。海や公園からの風は、遮られることなくプールを吹き抜ける。

開けっ広げなプールには、美しさと同時に大らかさを感じる。それは枕崎市の良心そのものかもしれない。病める世相なのか、昨今のプールは「のぞき」や「盗撮」対策も求められるようで、人目につかぬようプールの柵が厳重になったり、監視が厳しくなったりしている。いわばプールが、どんどん「箱」のような閉じた空間になっていく。

台場公園海水プールは無料で、またもや大らかさを感じる。大プールは五〇×二〇メートルもある。また子ども用の円形プールや、水がシャワーのように滴り落ちるプールも併設されている。敷地全体としては一〇〇×三〇メートルほどもあり、じつに広々としている。

海の水温が三〇度もあるため、プールの水温も必然的に高くなる。三〇度を少し上回るかもしれない。少しぬるいため、長らく泳ぐと暑く感じられるが、ひと休みしてプールサイドに上がればいい。濡れた身体から気化熱が奪われ、海からの風と相まって涼しく感じる。

七月下旬から八月末までの限られた開設期間とはいえ、楽園のようなプールだ。

「今日がピークかな」と、プールの監視員は話す。この日は八月一四日の日曜日。お盆で混み合う時期だ。とはいえ、プールにいる人数は一〇人ほどだろうか。その多くは、近所の小学生か親子連れとのこと。「中学生や高校生は恥ずかしいのかな。まず来ないね」という。子どもの数自体が減っており、お盆を過ぎると利用者はかなり減るそうだ。

「(プールには)何もないですから」と、監視員は自嘲気味にいう。ここには流水(ウォーター)スライダーといったレジャープールもなければ、売店もない。

しかし、どうだろう。シンプルな施設だからこそ、プールそのものへの愛おしさは増す。太陽の下、海を眺めながら万人が無料で遊べるプール。これ以上の贅沢なぞ必要ない。

監視員の表情には、プールへの愛情が滲み出ている。やはりプールで無邪気に戯れる子どもの姿は愛おしい。その姿を眺める大人は、自らの幼き夏と重なり、目の前の光景がかけがえのないものに思えてくるのだろう。

夕方近くになり、プールから上がる。去り際に、全速力でプールに駆け込んでくる子どもがいた。すぐにでも水に飛び込みそうな勢いだ。プールは一八時まで開いている。

プールを横目に、台場公園の東屋《あずまや》で休む。公園を散歩しているおばあさんが「ご一緒して、少しお話を聞かせて」と、にこやかに声をかけてくれる。散歩中に人から話を聞くことを日課にしているそうだ。「いくつになっても勉強になりますから」と。おばあさんは長すぎず短すぎず、適当なところで話を切り上げる。

朗らかなおばあさんを見送りつつ思う。

憂い顔で厭世的に生きる暇など大人にはない、と。機嫌よく生きるのは大人の義務だ、と。日々誰しも、自らの死に向かって限られた時間を駆けている。

私も朗らかなおばあさんを見習って、足取り軽く、宿まで二キロある道のりを歩こう。プールのおかげで、いたって機嫌よく歩き出す。

しかし、やがて心は揺らぐ。

背にしたリュックが重い。道は延々とつづく上り坂となり、プールで清々しくなった身体を汗まみれに変える。人の決心を試すかのように、いつまでも強烈な西陽がぎらぎらと照りつける。

「溶岩プール」は泳げるのか

翌朝の六時過ぎ、宿から近い薩摩《さつま》板敷《いたしき》駅でＪＲ指宿《いぶすき》枕崎線の始発列車を待つ。

枕崎駅を発った列車が、遠くから駅にまっすぐ近づいてくる。

その姿は「緑のトンネル」をくぐり抜けているようだった。沿線にある樹々は、線路の両脇から線路上にアーチを描くように大きく茂っている。列車は覆いかぶさってくるような葉や枝をバチバチと音を立てて掻き分けながら、ホームに滑り込んできた。

乗車すると、「その音」はひときわ大きくなる。夏の草木は著しく生育し、走る列車の窓をしきりに叩いてくる。二〇分ほど揺られると、水成川《みずなりかわ》駅に到着した。ここから一〇分ほど歩けば、薩摩半島南岸にある番所鼻《ばんどころばな》自然公園に辿りつく。

番所鼻自然公園の海岸に「海の池」「溶岩プール」と呼ばれる、海のプールのような場所がある。一〇万年ほど前の火山活動（溶岩流）をはじめ、浸食や陥没によって形成されたものだ。海に岩々が連なり、ぐるりと円を描いている。環状の岩々は外洋の波を遮るため、円の内側はプールのように穏やかな水をたたえている。ただしプールのような天然の地形であって、一般的な遊泳場所にはなっていない。

満潮に近づく時刻なので、急ごう。海をぐるりと囲う岩々は、干潮であれば遊歩道になる。しかし上げ潮のため、遊歩道は波にざばざばと洗われている。服のままでは到底歩けない。水着に着替えて、マリンシューズを履く。波が大きく打ち寄せる箇所もあり、波が引いた瞬間を見計らって歩を進める。海を囲う環状の遊歩道は、全長三〇〇メートルほどもある。

ぐるりと遊歩道を回り終え、今度は溶岩プールを泳いでみることにした。

岸と平行に溶岩プールを横切ると、およそ一〇〇メートル。岩々にぐるりと囲まれているとは

番所鼻自然公園にある溶岩プール。左奥に開聞岳が見える

いえ、やや落ちつかない。泳ぎ出すと上げ潮のため、すぐに三メートルほどの深さになる。溶岩でできた水底は、岩々が黒光りして不気味な雰囲気を醸し出す。外洋はやや荒れており、溶岩プール一帯はごうごうと波音が轟く。天然プールの安心感というよりも、若干おどろおどろしさを感じる。

溶岩プールを泳ぎ終え、対岸の岩場に上がる。上げ潮の際は無理に泳がず、自然の造形美を眺めるだけでいいのかもしれない。沖合に目をやると、薩摩富士と呼ばれる開聞岳《かいもんだけ》が、まさに富士山のような稜線美で聳えている。しばらく佇んでいると、上げ潮は溶岩プールの遊歩道をゆっくりと呑み込んでいく。

さて、これからどうしたものか。

まだ東京に戻る飛行機を予約していないので、もう少し旅をつづけたい。番所鼻自然公園で三時間ほど滞在しても、まだ一〇時前だ。鉄道は本数が少ないため、ひとまず路線バスを乗り継いで枕崎駅へ戻ることにした。番所鼻自然公園ではあまり泳げなかったため、少し消化不良のような思いが残る。

ふと、昨日訪れた台場公園海水プールの美しさを思い返す。

たとえ人工的であっても、海のすぐそばにある屋外プールは十分に愉しいものだ。鹿児島県にある公共の屋外プールをもう一箇所、訪ねてみることにした。

海との一体感を感じる――長崎鼻海水プール（鹿児島県いちき串木野市）

枕崎駅に戻ると、一一時。まだまだ時間はある。

ひたすら北へ向かおう。いちき串木野市（鹿児島県西部）にある長崎鼻《ながさきばな》海水プールを目指すことにした（カラー写真八頁左上）。路線バスを乗り継いで、JR伊集院《いじゅういん》駅へ。さらに鹿児島本線で北へ向かい、神村《かみむら》学園前駅で降りる。スポーツ強豪校として知られる神村学園の最寄り駅だ。

移動に時間を要してしまい、気づけばもう一四時だ。先を急ごう。タクシーを呼んで約二・五キロ離れた長崎鼻公園へ向かう。

車を降りると、遠くから歓声が響いてくる。公園の崖下を覗き込むと、まばゆい光景だった。きらめく長崎鼻海水プールだ。崖上に駐車場や売店、更衣室・シャワーがあり、訪れた人は水着に着替えると崖下のプールへ下りていく。プールは海岸の岩礁につくられ、海（東シナ海）はすぐそこだ。実際にプールと磯遊びを兼ねている家族連れもいる。群青色の海と、水色のプール――。

長崎鼻海水プール

どこまでも青い世界だ。公園のクロマツはプールにせり出すように茂り、風景を彩る。

まずは落ちつこう。レトロな売店でカレー弁当を購入し、崖下のプールを眺めながら食す。ただ光るプールは手招きするようで、心は急く。結局むしゃむしゃと掻き込み、ささっと着替えて、崖下のプールへ向かう。

大人料金二二〇円を支払って入場。公共施設の料金設定はありがたい。この日は八月一五日で、お盆休みの人も多いだろう。家族連れで賑わっている。受付で尋ねると「昨日は四〇〇人ほど、今日も（現時点で）二〇〇人くらい来ています」とのこと。プールは例年七月下旬から八月末まで開設される。

後日、役所に問い合わせると、二〇二二年の利用者は四三三七人で、コロナ禍前（二〇一九年）の人数までほぼ回復していた。

まずは五〇×一五メートルの大プールへ。気温は三三度。水温は三〇度を少々上回るくらいか、ややぬるい。海岸からポンプで汲み上げている海水が三〇度くらいなので、プールの水温も高くなってしまう。いやいや、それでも十分に快適だ。プールを囲っているのは網上の低い柵だけ。そのため、海が広く見わたせる。特筆すべきは、プールが海に近いだけでなく、海面の高さに近いこと。プールの位置は、おそらく海抜二メートルほどだろう。海との一体感は格別だ。

五〇メートルプールの奥には、幼児用の浅いプールがあり、そのまた奥には流水（ウォーター）スライダーがある。ループ状のスライダーは海水ではなく真水（地下水）が用いられ、冷たくて心地いい。小さな子どもに交じって、何度も滑り落ちる。

一九七七年、長崎鼻公園に大プールがつくられた。幼児用プールや流水スライダーは順次増設された。先の台場公園海水プールと同じく人工的なプールではあるものの、自然の景観を活かした美しき屋外プールだ。

この日は真夏日で、曇の多い空模様だった。陽が射しては、陰る。プールサイドから沖合を眺めると、灰色の巨大な積乱雲が近づいている。海水温が高く、大気の状態が不安定なのだろう。積乱雲の下は真っ暗な雨の柱（雨柱《あめばしら》）となって、海とつながっているように見える。雨柱の下では、局地的な激しい雨に見舞われる。

もうすぐプールも雨柱に入りそうだ。

やがて空がすっと暗くなり、突如として激しい雨がプールを叩く。強い風がびゅうと吹きつけ

雨のプールに歓喜する少年

て、気温も一時的に下がる。賑やかなプールは静寂に変わり、激しい雨音だけが響く。ぴちぴちと跳ね返る雨粒は、プールを白く煙らせる。多くの人はプールサイドに上がり、雨をじっとやり過ごす。

屋外プールで浴びる雨は、愛おしい。天然のシャワーだ。プールの水温がやや高いので、冷たい雨にびしびし身体を叩かれるのは心地いい。あるいはプールに浸かりながらの雨も愉しい。身体そして顔を鼻の下まで水に浸けて、じっとプールを観察したい。目の前の水面に跳ね返る無数の雨粒は、幻想的な美しさをたたえている。

濡れても濡れても、水着なら関係ない。雨もプールも心身を清らかに洗い流してくれる。

多くの子どもたちは、急な天候の変化に驚いて静かになる。不意に風が強くなっては、雨の勢いが増す。そのたびに子どもは、わーっ、きゃーっと声を上げる。

でも、どうだろう。子どもは、雨に打たれることを静かに悦んでいるように感じる。雨が織りなす変化、白く煙るプールを目に焼きつけているのではないか。

五分ほどで、ぱっと雨は上がる。風もやんで、辺りは明るくなる。やがて陽が射し込み、プールは何事もなかったように賑わいを取り戻す。ただ沖合の海を眺めると、またもや積乱雲と雨柱が接近している。三〇分ほどの周期だろうか、この日は一過性の雨が何度もプールに降り注いだ。

雨といえば、ふと数年前の旅を思い出す。

降りしきる雨の中、急に思い立って静岡県の水族館に一人で出かけた日のこと。沼津市にある「あわしまマリンパーク」は大雨のため、閑散としていた。

雨の日のペンギンはどのような心持ちだろうと、傘をさしながら屋外にいるフンボルトペンギンを間近で眺める。みな寄り添いながら、立ったままじっとしている。しゃがみ込んで長らく観察したものの、みな一向に動かない。頭頂部に打ちつける雨が心地いいのか、目をつむったり、目を半開きにしたりしている。そして時おり目を開けて、ぶるっぶるっと体を震わせては、雨粒を振り払う。

館内に入ると、アナウンスが流れる。ちょうど「お魚の解説ショー」がはじまるようだ。しかし日頃の賑わいが嘘のように、客は誰も来ない。解説を担当する若い女性の飼育員だけが、一人でポツンと水槽の前に立っている。

雨の日のフンボルトペンギン（あわしまマリンパーク）

催しの開始時刻は、刻々と過ぎていく。

飼育員がちらちらと腕時計を確認しはじめた。

多少気恥ずかしかったものの、ずんずん近づいて「解説、一人で伺ってもいいですか」と切り出した。

大きな水槽を前にして、一人だけの「お魚の解説ショー」がはじまった。

ひと通り解説が終わったところで、気になることを訊いてみることにした。

「今日は雨ですが、（海で泳ぐ）魚は雨を感じているのでしょうか」と。

一瞬、間が空く。

いったい、何の質問なのかという逡巡が伝わってくる。

「……雨を雨として魚が認識しているかはわかりませんが、雨が降っている海の変化は感じ取っているはずです」

海に雨が降ると、陽の光が射さなくなり水温は下がる。雨で濁った水が川から海へ流れ込んでは、海が濁る。よって雨の日は、海の中の視界が悪くなる（透明度が低くなる）。だから魚にとっては「今日は雨だな」とは感じないまでも「今日はいつもと違うな」とは感じ取っているという。

「それ（雨の日）は魚にとって、うれしいことなのでしょうか」と、私。

「うれしい……。そういった感情が魚にあるかどうかは別ですが、雨の日は水が濁ったりするので（捕食者から）身を隠しやすいという意味で、魚にとっては決して悪いことではないはずです」

雨の日の空いた水族館は素晴らしい。人目をはばからずに質問ができる。

「では、魚ではなく動物はどうですか。外にいるペンギンは、雨に打たれて悦んでいるのでしょうか。もしかすると、雨の日を歓迎しているのでしょうか」

また少し逡巡して、飼育員は答えてくれる。

「ペンギンが悦んでいるかどうかは別ですが、いつもと異なる刺激を感じていることは確かです。動物を飼育するにあたって、何らかの変化や刺激を与えるのは重要なことですから。元気でいてもらうために、雨の日も大事です」

――と、かつて水族館で雨の重要性を伺っていた。

そう、雨は生命を育む水としてだけでなく、変化や刺激という意味でも重要なものだった。快適で単調な日々というのは、生き物を弱らせる。やはり日がな一日、家で寝転んでテレビを見ていてはマズい。たとえ雨の日であっても、変化や刺激をもっと受けとめるべきなのだろう。

時刻は一七時を過ぎ、長崎鼻海水プールを後にする。

雨のプールの高揚感か、何かいつものプールとは異なる余韻が残る。

タクシーで駅に戻り、鹿児島中央駅へ向かう列車に乗り込む。

国鉄時代の旧《ふる》い車両はスピードを上げると、身体を上下左右に激しく揺さぶる。ああ、雨と同じく心地いい。きっと揺れも貴重な刺激なのだろう。もっと雨に打たれたくなるように、もっと揺さぶられたくなる。

列車に揺られていると、雨に打たれて目を閉じるフンボルトペンギンの気持ちがわかる。ほどなくして、強烈な睡魔が忍び寄ってくる。

第4章
海のプール
番外編

「海が私の薬箱」――そう思うようになりました。痛みも悩みも全部、海に置いてこられるからです。

カトヤ・パンツァル
『フィンランドの幸せメソッド　SISU(シス)』柳澤はるか訳

東雲市民プール
（愛媛県新居浜市 p.177）

津黒高原温泉プール
（岡山県真庭市 p.183）

稲取温泉・磯 Sea Garden IKEJIRI（静岡県東伊豆町 p.193）

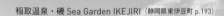

平瀬海水浴場
(鹿児島県十島村 p.189)

水無海浜温泉
(北海道函館市 p.206)

赤立神海水浴場(鹿児島県十島村 p.198)

ボンダイアイスバーグ・プール（シドニー p.214 以下同）

ブロンテ・バス（シドニー）

ジェフジェームス・プール (シドニー)

ジャイルズ・バス (シドニー)

ロスジョーンズ・メモリアル・プール (シドニー)

ワイリーズ・バス
（シドニー）

ノースカール・
ロックプール
（シドニー）

フェアリーバウアー・ロックプール（シドニー）

サウスカール・
ロックプール
（シドニー）

フレッシュウォーター・
ロックプール
（シドニー）

クイーンズクリフ・ロックプール（シドニー）

サウスクロヌラ・ロックプール（シドニー）

ノースクロヌラ・ロックプール（シドニー）

シェリービーチ・プール（シドニー）

オークパーク・プール（シドニー）

一〇円プールと幻の温泉プール

大人六〇円で贅沢なひととき──東雲市民プール（愛媛県新居浜市）

気になる新聞記事が、目に飛び込んできた。

「『10円プール』80年の歴史、岐路に」との見出しだ。

東京都の市立武蔵野プールは、子ども料金が一〇円のため「一〇円プール」の愛称で親しまれてきた。六九年もの間、料金はずっと一〇円に据え置かれている。プールがつくられて八〇年が経ち、老朽化のために建て替える案が進んでいるという（『朝日新聞』二〇二一年七月七日付参照）。

武蔵野プールを利用したのは（市外在住のため）若かりし頃のわずかな記憶しかない。それでも

急に懐かしくなって、泳ぎたくなった。屋外にある武蔵野プールは全長五〇メートルと広く、大人でも二〇〇円で利用できる。しかし調べてみると、二〇二二年は新型コロナウイルス感染対策のため、市内在住者に限って利用できるとのこと。

　こればかりは仕方ない。ただ武蔵野市の良心ともいえる「一〇円プール」が岐路に立たされていることに、焦りを覚える。屋外プールを廃止して、屋内の温水プールに建て替える案が進んでいるそうだ。屋外にある武蔵野プールが利用できるのは、夏季の二か月半に限られる。近年は雷雨など急な悪天候も増え、利用できる日数が減っていることも、廃止案（屋内化案）の背景にあるという。また猛暑に見舞われやすい昨今、屋外プールは熱中症対策も課題になる。

　利用効率を考えると、やむを得ないことかもしれない。ただ屋外と屋内では、プールの魅力は格段に異なってしまう。吸い込まれそうな夏空が広がる屋外プール。太陽が水の青さをひときわ輝かせる屋外プール。そんな美しさ、自由さを感じられるからこそ、プールの思い出は「心の絵日記」としてずっと刻まれる。

　これまで武蔵野プールは、値上げの危機を乗り越えてきている。それは市政や市民らが「子どもに一〇円で遊べるプールを残したい」と奮闘してきた、良心の結晶だ。

　武蔵野市に限らず屋外プールを廃止する動きは、全国的に見られる。先述したように、利用者の減少や維持管理の問題、老朽化や自治体の財政難といった背景だ。本書は海のプールに焦点をあてているものの、決して街中などにある屋外プールを疎かにするものではない。とりわけ公共の屋外プールは、広い空間を低料金で提供してくれる貴重なものだ。

そこで本項では海のプールから離れて、陸《おか》にある公共の屋外プールを見てみたい。全国でも稀少な二箇所のプールを巡ってみよう。

まずは、四国へ旅立とう。

お盆前の八月中旬、愛媛県の新居浜《にいはま》市へ向かう。東京都の武蔵野市と同じく、ここにも「一〇円プール」として知られる屋外プールがある。例年七、八月に開かれる、東雲《しののめ》市民プールだ（カラー写真一七〇頁上）。子ども料金は一〇円で、大人もわずか六〇円。

一九七二年にプールの利用が開始された、その翌年のこと。「子どもの小遣いで泳げるように」と、子ども料金を三〇円から一〇円に値下げした。それ以降、ずっと料金は据え置かれている。

二〇二二年は新型コロナウイルスの感染対策のため、インターネットによる入場予約システムが導入された。二時間（一クール）の定員を三〇〇人とする総入れ替え制だ（一日三クール制）。コロナ禍で二〇二〇年は休業、二〇二一年は新居浜市民限定だったことを考えると、予約制とはいえ市外から利用できるのはありがたい。旅の二日前に予約すると、予約数は二九〇人を超えており、あと数名で上限という盛況ぶりだった。

飛行機で愛媛県に入り、ＪＲ松山駅から特急列車に乗って新居浜駅に到着した。プールの入場時刻までは余裕があるため、駅から歩く。よくよく地図を眺めると、約三キロと遠い。気温は三四度にもなるこの日、プールに到着すると全身汗まみれで、もう水に飛び込むこと以外は何も考えられなかった。

大人料金六〇円のプール。それは素晴らしいものだった。

まずは全長五〇メートルの競泳プールへ。九コース（幅二〇メートル）もあり、贅沢な広さだ。しかも先客は一人だけ。海（海水）のプールは肌を包み込むような優しさだとすると、塩素の利いた真水のプールは肌を洗い流してくれるような爽やかさだ。

冷たい水はひときわ透明だ。太陽がプールをぎらぎらと照らし、水底からの反射できらきらと光る。海のプールでは波音に包まれるが、陸上の広々とした屋外プールでは静寂に包まれる。静かなプールをクロールで泳ぐと、パシッ、パシッと小気味よい音が伝わり、音が乱れぬよう丁寧に泳ぎたくなる。

ひとしきり泳いで、プールサイドにある自動販売機へ。プールを眺めながらアイスを頬張っていると、時間を数十年も巻き戻したような感覚になる。遠い夏の日、その幸せな記憶がよみがえってくる。公共の屋外プールは、長い歴史を刻んでいることが多い。レトロな雰囲気と公共施設の素朴さが相まって、何だか懐かしい気持ちになる。リゾートプールといった洗練された空間では味わえない、この感覚こそが愛おしい。

贅沢な空間に憧れる時期は、誰しもあるだろう。

東雲市民プール

かつての私もそうだった。テレビ局に勤めていた頃のこと、三〇歳を前にしてアメリカ・マイアミ出張の機会を得た。それは視察という名の「ご褒美」のような出張だった。自腹では到底泊まれない海辺の高級リゾートホテルに滞在し、ラグジュアリーなプールで泳いでは、まばゆいプールサイドでキンと冷えたカクテルを飲む。すべて経費で落とせるという気楽さが、まったくもって精神のいやらしさを生む。自身に宿っていたのは、分不相応の優越意識だった。心から愉しんでいるのではなく、どこか気だるさ、卑しさを伴っていた。

今ならわかる。大人の競争社会というのは、外面はどんなに立派に振る舞っていても、その多くは虚像や見栄を伴っているということを。大人になれば多寡はあるにせよ、お金で贅沢なものやサービスを手に入れられるようになる。それでも確かなことは、幼き日の夏のプール——ただ同然で遊んだ愉しさには敵わないということではないか。素直になりたい。もし大人が過剰に贅沢や見栄を求めてしまうなら、それは空虚で退屈しているからだ。本当に愛すべきものが見えなくなっているからだ。五〇代の私自身も、仕事に疲れると大切なものが見えなくなる。そんなときは、何度でも飛び込みたい。まばゆいプールへ。

さて、メインのプールに移ろう。

東雲市民プールを訪れた子どもや家族の多くは、流水プールで歓声を上げている。環状の流水プールは、一周が一七〇メートル。円の内側には、滑り台式の流水（ウォーター）スライダーもある（高さ六メートル）。

流水プールに身をゆだね、ぐるぐると回りつづける。子どもたちもはしゃぎながら、回りつづける。そして内側にあるスライダーを滑り下りては、大きな歓声と水しぶきを上げている。中年男性のスライダー利用は異色ながら、私も繰り返し滑り下りる。ここでも素直になりたい。五〇代であっても、ただ滑りたいのだ。

ひとしきり滑り下りると、また流水プールに身をゆだねる。身体がぐるぐると流され、景色や歓声も流れていく。そして時間も流れ、二時間制の退出時刻が近づく。服に着替えてゲートをくぐると、開場を待ちわびている子どもたちが列をなしている。小さな子どもは、もう水着姿になって並んでいる。間違いなく一〇円の二時間は、大人になってもずっと心に刻まれる。

時刻は一四時半。タクシーを拾おうとしたが、まったく通りかからない。市役所まで一・五キロほど歩いて、あとは路線バスで駅へ向かおう。

午後の太陽は、ぎらぎらと照りつける。

プールで心地よく冷えた身体に熱を帯びるのが、いかにも惜しい。

ゆっくりゆっくりと歩いてみたものの、やがて汗はとめどもなく流れ出る。

冷たい温泉をどこまでも泳ぐ――津黒高原温泉プール（岡山県真庭市）

新居浜駅から特急列車に乗って瀬戸大橋を渡り、岡山駅へ。そこからJR津山線に乗り換え、一八時半頃になって津山駅に到着した。

東雲市民プールにつづいて、もう一つ稀少な屋外プールを巡りたい。

翌朝、津山駅前で車を借りる。帰省シーズンで予約が多く、唯一空いていた軽トラックに乗り込む。目指すは、道のりで六、七〇キロほど離れた津黒《つぐろ》高原。津山市から真庭《まにわ》市に入り、標高をぐんぐん上げながら山道を北へ北へと走る。津黒高原は津黒山（標高一一一八メートル）の山麓に広がり、鳥取県との県境に位置している。

一〇時頃に到着すると、ひんやりした空気が心地いい。津黒高原荘（公共の宿）を中心にして、温泉やキャンプ場、スキー・テニス場、プールなどの施設が揃っている。これまで津黒高原にある屋外プールはずっと気になっていたものの、なかなか訪れる機会に恵まれなかった。

プールの名は、津黒高原温泉プール（カラー写真一七〇頁中央）。屋外の公共的なプールでありながら温泉プールという、全国的に稀少なものだ。「プールのように広い温泉」ではない。温泉を用い、水温は二七度に設定されたプールだ（同じく真庭市には市営の湯原《ゆばら》温泉プールもある）。しかも全長五〇メートル、八コースと広く、子ども用の小さなプールも併設している。温泉なのに冷たい水というのは、部類としては冷泉になる。そこで泳ぐ感覚とは、いったいどのようなものだろう。

加えて、津黒高原温泉プールは幻のようなプールでもある。二〇二二年における開設期間は七月二三日から八月一六日までと、たった二五日間しかない。夏のわずかな日数だ。

ふと北海道の稚内《わっかない》市にある、坂《さか》の下《した》海水浴場を思い出す。そこは日本最北の海水浴場で、二〇一九年に訪れた際は七月一四日から八月一一日までと、わずか二九日間の開設だった。津黒高原温泉プールは、それよりも期間が短い。幻のようなプールとはいえ、（北海道の）坂の下海水浴場と同じく、束の間だからこそ愛おしさは増す。短ければ短いほど、濃く立ちのぼってくる夏の光景がある。短い一夏を噛みしめるようにして、泳ぎたい。

大人料金六〇〇円を払って入場する。高原の濃い緑の樹々に囲まれた、青々としたプール。森の静けさの中で、小さな子どもを連れた一組の家族が黄色い声を上げていた。プールに浸かると、ひんやりとした水が心地いい。ただ、わずかに水がぬるりと肌を優しく包むように感じられる。これが温泉プールということなのだろう。

津黒高原温泉プール

プールは空いているため、五〇メートルを何度もターンして泳ぎつづける。温泉水の効用か、延々泳ぎつづけても疲れない。高原の澄んだ涼しい空気も、身体を快調にしてくれるのか。

津黒高原温泉プールは、中和村《ちゅうかそん》（合併により現・真庭市）によって、一九七五年につくられた。一九七四年度の「新山村建設モデル事業」の一環で、国から予算が投じられた。一九七〇年代前半、国は観光資源や施設を全国的に整備し、観光振興による地域格差の是正を図っていた。

温泉水を用いた全国でも珍しい屋外プール。高原に五〇メートルもの大きさがあるプール。一年を通じて一か月にも満たない日数しか開設されないプール。これは、もはや文化遺産ではないか。経済効率に喧《かまびす》しい昨今では、到底つくることができない貴重なプールだ。

昼を過ぎると、家族連れが三組ほど、ぱらぱらと入場する。大人は「広くてきれい」「高原なのにすごい」と感嘆の声を上げ、子どもは大はしゃぎだ。

二人の管理人に話を伺うと、維持管理の苦労が伝わってくる。老朽化に伴う修繕費の目途はなかなか立たないという。そもそも五〇メートルのプールを維持するのは、大変だ。水質を細かくチェックしては、殺菌のための塩素剤を毎日投入する。塩素剤は決して安いものではなく、水質管理だけでも大きなコストがかかる。管理人は「入場料も本当はもっと安くできたらいいけど……」というものの、公共的な料金設定で十分にありがたい。

こんなにも魅力的なプールが、例年一か月にも満たない開設なのはなぜなのだろうか。やはり昔に比べると、利用者が減っている背景があるという。以前は八月末まで開設していたものの、お盆を過ぎると、ぱたりと利用者がいなくなったそうだ。そのため、お盆までの開設になったという。

管理人は、忙しく動き回る。レーンを仕切るコースロープを張り、水に浸かりながらメンテナンスをする。訊くと、明日から四日間、五〇人ほどの子どもたちが合宿で訪れるという。スイミングスクールの合同合宿で、他県からの子どもが多いそうだ。今や大人数を合宿で受け入れられるプールは少ないため、津黒高原温泉プールが選ばれているという。

管理人は「（プールの仕事は）もう体力的に厳しい」と口にしつつ、それでも「子どもたちが（プールで）悦んでくれたら、何よりだから」という。かつて「本当に懐かしい」と何度も口にする

校門のような津黒高原温泉プールのゲート

大人が、プールを訪れたそうだ。「小さい頃の思い出の場所が（閉鎖されずに）まだ残っていて、感激したみたいね」と、管理人は目を細める。

一向に疲れないため、三キロは泳いだだろうか。車の運転で睡魔に襲われないよう、そろそろ切り上げよう。それでもプールを去るのは、名残惜しい。ゲートを出て振り返ると、「中和温泉プール」と刻まれている。中和村があった当時の名残だ。名称は変更されたものの、中和温泉プールという旧称は滋味深い。名は体を表すように、「和やかで平和なプール」であることが伝わってくる。

そもそも、かつての中和村は「ちゅうわ」ではなく、「ちゅうか」と漢音をあてていることも興味深い。『中和村史』によると、儒教の経書である『中《ちゅう》庸《よう》』から「中和」を採用したものと考えられている。先人の儒教への思慕のようなものは、高原の凜とした空気と相まって、清々しく感じる。

高原からぐんぐん下って津山駅に到着すると、一転してうだるような暑さ。駅を一六時半に発ち、列車を乗り継いで姫路駅に出る。そこから新幹線で東京駅に着くと、もう二二時だった。列車の移動で五時間以上かかったものの、その間の記憶はほとんどない。長らく泳いだ疲労なのか、温泉水の効用なのか。ただひたすら眠りつづけていた。

後日、役所に問い合わせたところ、二〇二二年の津黒高原温泉プールの利用者は五三〇人だったそうだ。二〇一九年は一三〇〇人だったことを考えると、コロナ禍の影響がつづいたのだろう。

また夏に訪れたい。幻のようなプールが、いつまでも残りつづけてほしい。たとえ猛暑に見舞われても、涼しき高原には天空のプールが待っている。

真冬のプールへ

素朴さが美しいプール——平瀬海水浴場（鹿児島県十島《としま》村）

季節は巡る。夏は遠くなり、やがて秋が過ぎ、もう冬だ。

何だか目の前の仕事に追われていたら、師走になってしまった。

冬とはいえ、やはり海に出かけたい。冬の海のプールとは、いったいどのようなものだろう。

一二月中旬、吐噶喇《とから》列島の口之島《くちのしま》へ。

鹿児島港を二三時に発った船は、翌朝の五時になって口之島に到着した。口之島は周囲約一三キロと比較的小さく、人口はおよそ一〇〇人。

港から北へ一キロほど歩けば、平瀬《ひらせ》海水浴場がある（カラー写真一七一頁上）。ここは平らな岩礁（リーフ、珊瑚礁）を四角く掘った、海のプールだ。潮が引くとリーフが海面上に現れ、プールを囲う縁のようになる。

港の近くにある宿に不用な荷物を置いて、海沿いの道を歩く。朝の五時半なので、まだ真っ暗。月明りだけが頼りだ。平瀬海水浴場に到着すると、月の光の筋が海面にすっと伸びている。波は穏やかそうだ。夜明け前の海で泳ぐ衝動に駆られたものの、ここは無理をしないほうがいいのだろう。誰もいない真っ暗な海で泳ぐというのは、地形を把握していないと心もとない。

宿で朝食を食べ終わると深く眠ってしまい、気づけば昼になっていた。

再び平瀬海水浴場へ。この日の干潮は一四時頃。ただ冬季は夜間に潮が大きく引く一方、昼間はあまり引かない。やはり干潮となっても、海面上にリーフは現れなかった。つまりプールの縁は海面下に没したままだ。それでもリーフを掘った跡は、よくわかる。ほぼ正方形に掘られており、海はその箇所だけ明るい水色になっている。その海の色は、プールの水底が白砂であることを教えてくれる。海のプールの大きさは、三五メートル四方ほどある。

沖合に目をやると、約三五キロ離れた蛇臥島《がじゃじま》の島影がうっすらと見える。一九七〇年、四世帯の一六人が島を離れて無人化した島だ。約五〇キロ離れた平島《たいらじま》も、肉眼でかろうじて島影を捉えることができる。

上半身に二ミリ厚のウエットスーツを纏い、誰もいない海に浸かる。平瀬海水浴場のプールは

平瀬海水浴場（口之島）

絶景度 ★★★★★
天然度 ★★★★★
透明度 ★★★★★
魚影 ★★★★
鹿児島県鹿児島郡十島村
寸法：約35m×35m
水底：ナチュラル
竣工：2002年

浅いものの、深いところでは両肩が浸かるほどになる。水温を測ると、二二度とさして低くはない。それでも水が冷たく感じる。気温は一九度ながら、風が吹きつけるせいか。今朝ほどは晴れていた空も雲に覆われてしまい、陽が射さない。

それにしても水は、きりっと澄んでいる。この透明感は冬ならではだ。水底の真っ白な砂も美しい。波による砂紋が縞模様となって刻まれている。水中を観察すると、ダツ、フウライチョウチョウウオ、シマハギ、オヤビッチャなどの姿が見える。

緩やかな波がプールに流れ込んでくる。ゆらゆら浮かびながら、島の景色を堪能する。二〇分ほど経つと、身体が冷えてきた。おそらく、びしびし泳いだほうが身体はあたたまる。でもこの日に限っては、何だか面倒くさい。寒くなって海から上がっては、また浸かる。

海のプールは、二〇〇二年につくられた。リーフを掘削すると、水底は自然と美しい白砂になったという。

特筆すべきは、その素朴さだろう。わずかにリーフを四角く掘っただけのプール。取水口や排水口となる「穴」も、設けら

沖から岸を眺める。プールの水底は白砂のため、周囲よりも海の色が明るい

れていない。掘ったあとは、ただただ自然任せだ。澄んだ水がプールの縁を越えて流れ込み、プール内をつねに循環させる。

険しい海岸に囲まれた口之島では、かつて安心して泳げる場所がなかった。子どもたちの海の遊び場は、もっぱら漁港だった。平瀬海水浴場が完成する以前は、学校の水泳授業も漁港でおこなわれていた。

口之島小中学校の児童生徒は、一〇人（二〇二二年度）。平瀬海水浴場での水泳授業は六月にはじまり、七月までおこなわれる。口之島の学校が素晴らしいのは、海の授業の多様さだろう。水泳授業をはじめ、カヌー体験もある。伝統漁である追い込み漁の体験もあれば、海釣り大会もある。さらには漁港での遠泳大会まである。そう、平瀬海水浴場のプールだけでなく、自然海岸や漁港における授業もおこなわれているのだ。そうして夏休みになった子どもたちは、平瀬海水浴場や漁港などで自由に遊ぶ。

教頭先生によると、平瀬海水浴場にクラゲやサメ（シュモクザメが多いようだ）がいる際は、漁港での水泳授業に切り替えるという。それにしても、これだけ多様な海の授業を先生一同が安全面を考慮して引率しているのは、島の学校ならではだ。

教頭先生は「海の経験や記憶は（大人になっても）どこかで生きる。思い出すだけでもいいんです」と語る。このような幼少期を経れば、海に親しみを抱く大人になる。海を愛するということは、きっと社会の荒波を泳ぎつづける力になる。たとえ困難に見舞われても、海は寄り添ってくれる。孤独に苛まれても、海がある。そうだ、海を思い出すだけでもいい。

海が好きであること。ただそのことだけで、私は齢を重ねてしまった気がする。

教頭先生は、からからと笑う。

「私だって同じようなものですよ」と。

野趣あふれるリゾート――稲取温泉・磯 Sea Garden IKEJIRI（静岡県東伊豆町）

大晦日《おおみそか》は、関西に一人で帰省することにした。

「年の湯」として実家の広い湯船に浸かり、しっかりと一年の垢を落として新年を迎える――というのは、さして興味がないため、海のプールで身を清めて帰郷することにした。

大晦日は晴天、波風も穏やかであることを天気予報が告げる。気温は一〇度程度であっても、

稲取温泉・磯
Sea Garden IKEJIRI

絶景度　★★★★
天然度　★★★★
透明度　★★★★★
魚影　★★★★★
静岡県賀茂郡東伊豆町稲取
寸法：約100m×25m
水底：ナチュラル
竣工：1970年頃と推定

海辺でからりとした陽射しを浴びるのは、心地いいに違いない。

　東京駅から朝六時台の在来線に乗り、熱海駅へ。伊豆急行に揺られて伊豆稲取《いなとり》駅で下車する。駅から海岸沿いの温泉街に向けて、一・五キロほどの道のりを南へと歩く。

　一〇時頃、池尻《いけじり》海岸に到着した。ここは岩に囲まれた海のプールだ。「稲取温泉・磯Sea Garden IKEJIRI」と呼ばれている（カラー写真一七〇頁下）。プールは一〇〇×二五メートルほどの大きさ。岩をプールの縁のように連ねて、波をブロックしている。水深は比較的浅く、深いところでも一・五メートルほど。

　それにしても、昨日の天気予報が恨めしい。雲が空一面をびっしりと覆って、いっさい陽が射さない。気温は一一度ほど。波風は穏やかなものの、どんよりとした冬の海だ。見る限りでは、灰色の海に入る気力がわいてこない。水温計を浸けると一五度。なかなか悩ましい。ただ手を海に浸けてみると、気温が低いために意外とぬるく感じる。

　よし、もう、入ろう。

　大晦日ということもあって、時おり温泉街の観光客が海辺をそぞろ歩く。人影が途切れた隙に、一気に水着に着替える。冷たい水を前にして躊躇していると、気力が萎える。上半身には半袖のラッシュガード（海水浴用の肌着）を着て、二ミリ厚のウエットスーツを纏う。さらに二ミリ厚のウエットスーツ（パンツ）を穿き、三ミリ厚の海用ソックスを履く。海用のグローブは持参しておらず、素手でよしとした。

水温一五度の防寒としては、いかにも心もとない装備だ。

じつは前日の荷づくりにおいて、長らく使っていなかった五ミリ厚のダイビング用スーツや、セミドライのサーフィン用スーツを押し入れから引っ張り出した。下着姿になって着てみたところ、月日が経つのは恐ろしい。体形の変化で、いずれもファスナーがなかなか上がらない。強引にファスナーを引っ張り上げると、身体がソーセージのようにはち切れそうになる。危険を感じて、すぐにファスナーを下ろす。両スーツから目を背けたくなり、すぐに押し入れの奥にしまい込んだ。しかも帰省する際の荷物としては、両スーツはかさ張りすぎる。

そうして結局、上下二ミリ厚のウエットスーツだけで挑むことにした。ウエットスーツは厚みが増せば増すほど、水との交歓という意味では「感覚遮断」が生じてしまう。心もとないくらいの装備で、ちょうどいいのかもしれない。

海岸からプールの階段を一段ずつ、ゆっくり下りる。まずは腹まで海に浸かる。

ふむ、やはり冷たい。

あと少し——。

両肩を浸ける直前のこと。ここぞと緊張しているタイミングに、不意に子どもが駆け寄ってきて「何かお魚いるんですかー」と大声で尋ねてくる。

それに応える余裕はまったくなく、「いやいや」と言葉を濁してやり過ごす。子どもを追いかけてきた親は「いいから、いいから」と、小声で子どもをそっと窘《たしな》める。これはもしや「(変な大人に)話しかけちゃダメ」というニュアンスなのか。

いやいや、いけない。冷たい水のことに集中しよう。

ん……。

意外といける。そっと腰を落として首まで海に浸かると、耐えられる冷たさだ。ゴーグルをつけて顔もひたす。身体は硬直せず、自由に動く。平泳ぎでゆるゆる泳いでみると、冷たい水のショックでアドレナリンやエンドルフィンといったホルモンが分泌されるのか、高揚感を覚える。あるいは冷水の負荷に抗おうとしているのか、身体から少し熱が発散されているようにも感じる。

何だ、この心地よさは。

ハイな気分は、身体をいっそう鼓舞する。自然とクロールでびしびしと泳ぎたくなる。何往復かしては、平泳ぎに切り替えてスピードダウンする。ああ、一年の垢が洗い流されていく。身が

海水浴客で賑わう8月の池尻海岸

清まっていく。プール内の魚影は薄いものの、水は限りなく透明だ。もしや来年の視界は良好という暗示なのか。

思い返せば四か月前、八月下旬にも池尻海岸を訪れていた。気温は三三度、水温は二三度と差が大きく、当時も水は冷たく感じた。夏の池尻海岸では、カタクチイワシの群れなど魚影は濃く、磯遊びに興じる人も多かった。一帯は海水浴客の歓声に満ち、陸《おか》に開設された子ども用のプール（海浜プール）も賑わっていた。海水浴場を管理している稲取温泉旅館協同組合によると、海のプールがつくられたのは五〇年ほど前（一九七〇年頃）だという。

水温一五度の冬の海で二五分ほど泳いで、水から上がる。

海に入る前よりも寒さを感じないのは、血流や新陳代謝がよくなったせいなのか。ゆっくり着替えても寒くない。

伊豆稲取駅から熱海駅へ戻る。西へ向かう新幹線に乗り、あとは実家に帰るのみ。冷たい海で泳いだ効用なのか、新幹線の車内がやけに暑く感じる。フリースを脱いでTシャツ一枚になる。

もう大晦日、か――。

一年の出来事を列車内でぼんやりと振り返る。いやはや、公私ともにパッとしないことばかりだった。でも一年の最後に海で心身を洗い流すと、どうだろう。

何だか不思議なことに、万事快調だ。

神に見守られた静かなプール――赤立神海水浴場（鹿児島県十島村）

「どんな悦びでも疑う。何ごとにもうかぬ顔をし、万事につけて反対する。不機嫌から不機嫌をつくり出す」と、フランスの哲学者アランは、不機嫌な大人に警鐘を鳴らす（『幸福論』串田孫一・中村雄二郎訳）。不機嫌で人生を台無しにするな、幸福は自身の心持ち次第である、と。

二〇二三年の一月中旬、寒さで身体が縮こまるような日々を送っていると、不機嫌の影が忍び寄ってくる。

いけない、冬の海へ出かけよう。

私は、「身を切るような寒さだ。健康にはこれがいちばんだ」と言う人々を軽蔑しない。これ以上のしかたがあろうか。（中略）寒さに抵抗するしかたはただ一つしかない。それは寒さに満足することだ。（同前）

ふむふむ。そうして、冬の鹿児島市にやって来た。

二三時に鹿児島港を発つ船で、吐噶喇列島の小宝島《こだからじま》へ向かおう。口之島の旅と同じ船だ。夜遅い出港のため、夕暮れ時に桜島へ渡って時間をつぶす。桜島フェリーの所要時間は一五分。そのため、鹿児島市街と桜島を気軽に往復できる。桜島の港近くにある「桜島溶岩なぎさ公園」は、美しい公園だ。対岸に広がる鹿児島市街を一望できる。公園にある足湯は、長い水路のように延々とつづいている。誰もいない公園で足を湯に浸けながら、ぼんやりと鹿児島市街を眺める。澄みきった冬の空が少しずつ暮れていく。二四時間運航の桜島フェリーは、目の前の海をひっきりなしに往来する。

アランの言説が理解できる。冬の寒さは上機嫌をもたらす、と。

そうして鹿児島港から吐噶喇列島へ向かう船に乗り込み、一夜を明かす。

目を覚ますと、冬の澄んだ空は消えていた。重苦しい灰色の雲が空一面を覆っている。

昼前になって小宝島に到着すると、気温は一四度ほど。いっさい陽は射さず、風がびゅうびゅうと吹きすさぶ。ここは意識的に上機嫌で臨みたい。

小宝島は周囲約三キロと小さく、平坦な道が多い。島をぐるりと散策し、赤立神《あかたちがみ》海水浴場に着いた（カラー写真一七一頁下）。

ここは平らな岩礁（リーフ、珊瑚礁）をくり抜いた海のプールだ。大きさは五〇×二〇メートルほどある。サメの背びれのような形をした巨岩、赤立神がプール脇に鎮座している。赤立神は六メートルの高さがあり、文字通り立っている神として崇《あが》められている。

海のプールは曇天のため、寒々とした光景に映る。水温を測ると、一九度ほど。誰もいないため、躊躇する気持ちを振り払うように、ささっと服を脱ぐ。二ミリ厚の上下ウエットスーツを着て、いざ海のプールへ。海に入るためのコンクリート階段があり、金属の手すりも設けられている。階段で両肩までゆっくりと浸かって泳ぎ出すと、水深は二メートルほどある。

ああ、やはり冷たい。曇天かつ吹きすさぶ風は悩ましい。

ただ水の透明度は格別で、いっさい波立たないプールの穏やかさも心地いい。ゴーグルをつけて水中を覗くと、ヒメブダイやニジハギなどの姿が見える。水中からざばっと顔を上げると、直立する赤立神が見守ってくれているように感じる。

赤立神海水浴場は一九九九年につくられ、学校のプールとしても用いられている。南西の沖合に目をやると、一二キロほど離れた宝島《たからじま》が見える（宝島では一九九五年に大籠《おおごもり》海水浴場がつくられた）。

赤立神海水浴場の何よりの特徴は、海水が出入りする開口部にある。その幅は二、三メートルほどと狭い。開口部は細長い川のように海へ延びている。開口部から外洋までは、五〇メートル

赤立神海水浴場（小宝島）

絶景度　★★★★★
天然度　★★★★★
透明度　★★★★★
魚影　★★★
鹿児島県鹿児島郡十島村
寸法：約50m×20m
水底：ナチュラル
竣工：1999年

ほどもある。

つまり外洋から押し寄せる波は、川のような狭い水路を五〇メートルほども伝って、ようやく海のプールに流入する。波が引いた際は、プールの水が水路を伝って、外洋へちょろちょろと流れ出す。このような形状のおかげで、外洋が荒れてもプールは影響を受けにくい。この日も外洋はどぶどぶと波が押し寄せているものの、赤立神海水浴場はいたって静かな水をたたえている。

二五分ほどで身体が冷えてきたため、水から上がる。それにしても辺りは静かだ。一向に人と出会わない。とはいえ小宝島にいると、得もいわれぬ安心感がある。島の人口は五五人ほどで、島の出入りは（通常）週二往復の航路に限られる。そのため来島者は、すぐに認識されやすい。たとえ誰とも出会わなくても、島の人から見守られているような気安さがある。

一方、週二往復だけの航路であるため、私はもう翌朝に小宝島を去らなければならない。小宝島で一泊だけというのは、名残惜しい。鹿児島港から小宝島まで片道一二時間以上を船で費やしているため、なおさらだ。

宿で夕食を終えると、時刻は一九時半。このまま風呂に入って眠ってしまうのは、やはり心残りだ。宿に一時間ほどで戻る旨を告げて、夜の海へ出かけることにした。

外は真夜中を感じさせるような深い闇。

宿を出ると同時に、頭に装着したヘッドライトをともす。集落を抜けると、わずかな街灯もなくなり、漆黒の闇だ。相変わらず空は雲に覆われているようで、月も星もいっさい見えない。吹きすさぶ闇夜の風は、どこか落ちつかない気持ちにさせる。

目指すは、そう、赤立神海水浴場。一・五キロほどの道のりが遠く感じられる。海に通じる牧場脇の小径《こみち》をじゃりじゃり進むと、寝そべっている牛たちの目だけがライトに反射して光る。夜は人の聴覚が冴えるのか、牛の鼻息が荒く大きく聞こえる。引き返したくなる気持ちをこらえて、何とか赤立神海水浴場に辿りつく。吹きさらしの海岸であるため、風がひときわ強くなる。誰もいない闇夜の海。近くにある巨岩の赤立神でさえ、ライトを照らさなければ存在を確認できない。

首を上下左右に振って、真っ暗な海のプールを照らす。

ん……海のプールは昼間と変わらず、いたって穏やかだ。

躊躇していると心がくじけそうだ。ヘッドライトの電池の予備を持ち合わせていないことも焦りを生む。ままよと服を脱いで丸裸になる。人目を気にする必要はまったくない。水着は面倒なので、じかに上下のウエットスーツを着る。ああ、昼間の遊泳で濡れたままのスーツが冷たい。

階段と手すりが水中に延び、海に入りやすい

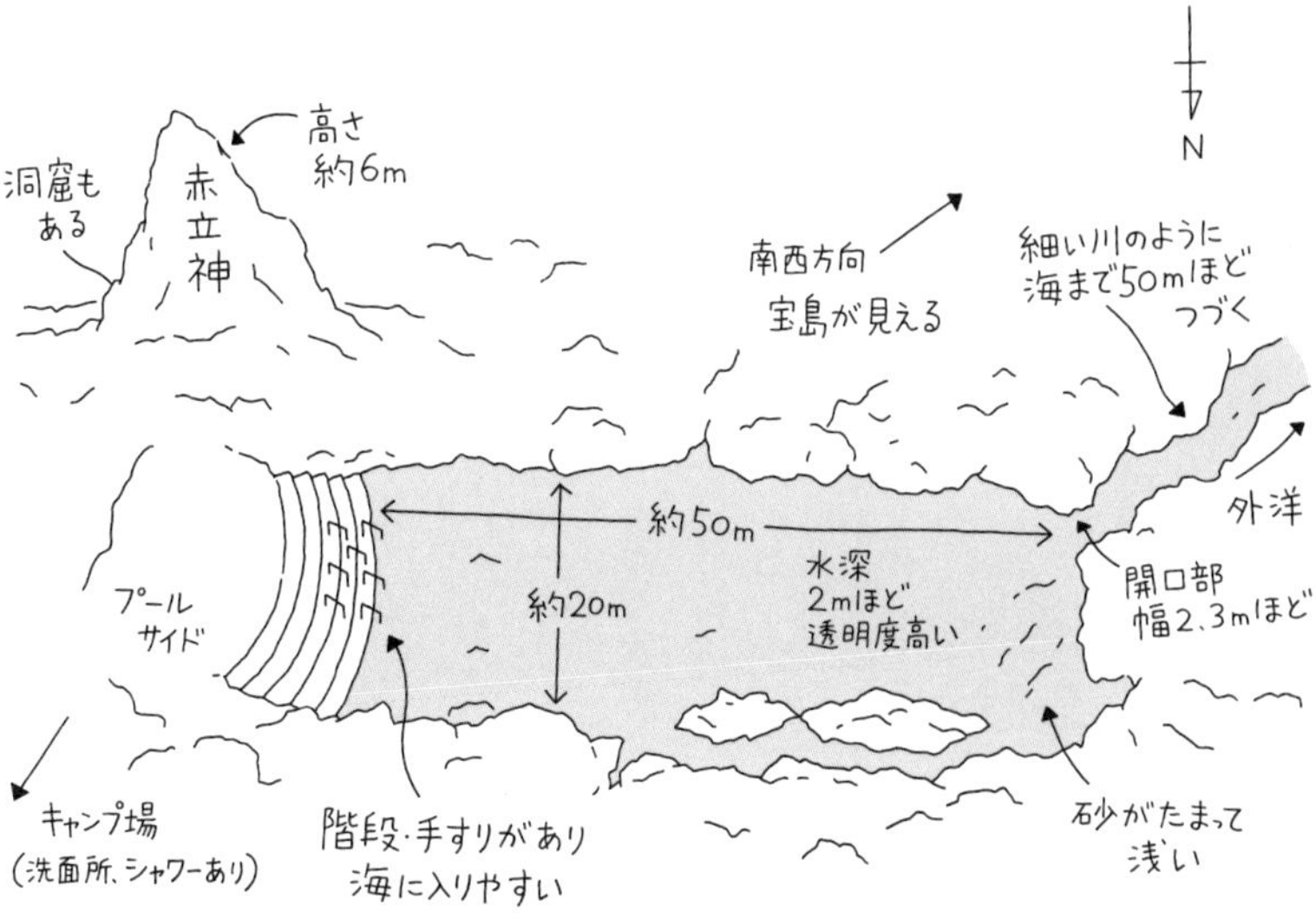

赤立神海水浴場

そろり、そろりと、夜の海に浸かってみる。赤立神海水浴場には、海に入るための階段と手すりがあるので安心だ。ただ真っ暗闇なので、ヘッドライトは手放せない。頭に装着したまま、顔を浸けずに浮かんでみることにした。

が、海面を照らすとダツに突き刺されるかもしれず、上空を照らすようにライトの角度を変える。ダツは、おっかない習性の魚だ。口先（顎）が針のように尖っており、夜は光源に向かって突進してくる。

身体を夜の海に浮かべてみると、どうだろう。

不思議なことに、水は少しあたたかく感じる。夜になって気温が下がっているため、相対的に海水温があたたかく感じられるのだろう。夜は「寒々とした海」という視覚が遮断される影響もあるかもしれない。水に包まれていること、水に浮かんでいることも、真っ暗闇だからこそ、ひときわ実感できる。磯の香りも、夜のほうが匂い立つように感じられる。

水に包まれることで緊張がほどけたのか、無意識のうちに長い放尿がはじまる。下半身のぬくもりは、心をなぐさめる。

しかし冬の夜の海では、落ちつかない気持ちは消え去らない。星空や月明りといった夜の情景にも今宵はひたれない。ものの五分くらいで、水から上がった。風のせいでただただ寒く、素早く手荒に着替えを済ませる。

そうして二〇時半頃、宿に戻った。

風呂に入ると、夜の海の感触が身体に残っているように感じる。

やはり夜の海といえば、あの小説を思い浮かべる。

アルベール・カミュ『ペスト』の一節だ。

物語の舞台は、アルジェリアにある海沿いの街、オラン。

ペスト蔓延による厳戒下、リウーとタルーは出入りを禁じられた夜の海で泳ぐ。星がまたたく空、月明りの下、二人は泳ぐ。夜の静寂と寂寥に包まれながら、友情を確かめ合うように。


最初冷たかった水は、再び浮き上ったときにはなま温かいような気がした。二かき三かきすると、海はこの晩なま温かく、大地から長い幾月かの間蓄積された熱を吸い取っている秋の海のなま温かさであることがわかった。（中略）何分かの間、同じ調子で、同じ強さで、ただ二人、世間から遠く離れ、市《まち》とペストからついに解放されて、彼らは進んで行った。

（『ペスト』宮崎嶺雄訳）


実際に夜の海で泳ぐ機会はほとんどないものの、どこか惹かれてしまう。

それは『ペスト』で描かれる夜の海水浴が、自由の尊さを象徴しているからなのだろう。

夜の海水浴だからこそ、人は水の感触をひときわ感知する。

夜の海は、そっと語りかけてくる。

海の魅力は、青さ、まばゆさだけではない、と。
ただし、くれぐれも気をつけて、と。

海に包まれた露天風呂――水無海浜温泉（北海道函館市）

季節は巡る。
ぼやぼやしていると、冬が通り過ぎていく。
どこかで水温一〇度を下回る海に、浸かれないものだろうか。
真冬の海、冷たい海ならではの効用をもう少し体感したい。

海で泳ぐのはどんな抗うつ剤より効き目があるので、心が沈んだとき、僕はこれからいく〔イングランド・ノーフォークの〕ホルカム・ビーチをよく訪れる。広大な砂浜の向こうの果てしなく大きく、冷たい海に入り、ノミを落とすキツネのように体を水に浸し、自分のなかに巣くった悪魔を波の上に置き去りにしてくるのだ。

（『イギリスを泳ぎまくる』青木玲訳）

一月下旬、天候を細かく確認する。
むむ、なかなか難しい。次々と寒波が日本列島を覆いそうだ。当面の穏やかな日和は、強烈な寒波が襲う前日、一日だけしか好機はないと判断した。

冬の北海道へ向かおう。東京を早朝に飛行機で発って函館へ向かい、寒波から逃れるように夕方の便で折り返すことにした。

函館空港で車を借りて、海岸沿いの国道二七八号を東へ走る。九時過ぎの気温は氷点下三度ほど。運転しながら海を眺めると、湯気のようなものが立ちのぼっている。厳しい冷え込みのため空気と海の温度差が大きくなって、気嵐《けあらし》が生じている。気嵐は晴天かつ風が穏やかな日に発生するので、いい予兆に違いない。

道のりで五〇キロほど雪道を走ると、恵山《えさん》岬に到着する。ここは渡島半島の南東端に位置し、太平洋に面している。活火山である恵山（標高六一八メートル）の麓《ふもと》の海岸に、天然露天風呂の水無《みずなし》海浜温泉がある（カラー写真一七一頁中央）。満潮時は水没するため、潮が引いた時間のみ入れるという、まるで海のプールのような温泉だ。函館市役所椴法華《とどほっけ》支所のウェブサイトには、潮位を参考にした各日の入浴可能時間が公開されている。

一〇時過ぎの気温は、零度。一月下旬の平日、露天風呂には誰もいない。ちょうど潮が引いて、岩で囲った湯船が海面上にくっきりと浮かび上がっている。露天風呂は無料ながら、きれいな脱

衣所が設けられている。混浴であるため、水着に着替える。そして二ミリ厚の上下ウエットスーツを着て、さらに三ミリ厚の海用ソックスを履く。これで寒さに震えず、湯船までの雪道をゆっくり歩める。

いざ入浴。湯加減は三七度ほどで、ちょうどいい。一気に身体がほぐれていく。目の前に広がる穏やかな海、きりっと澄みわたった空、海岸沿いの雪化粧。凡庸な表現ながら、極楽という二文字だけが浮かんでくる。

が、今回の目的はあくまで寒中水泳だ。

露天風呂の外側の海を測ると、水温は七度。

よし。湯船から上がり、おもむろに外側の浅い海に浸かってみる。

お、おお、これが水温一〇度を下回るということか。

何とか下半身は持ちこたえられるものの、両肩まで浸かると上半身が瞬時に冷え、びりびりとした痛みのような感覚を覚える。真っ先に素手が悲鳴を上げ、両手を海面上に出す。えいやと、うつ伏せになって泳ぐも、顔面もすぐさま悲鳴を上げる。すこぶる海は澄んでいるものの、水中を観察する余裕はまったくない。

退散だ。時間にして、わずか一、二分ほど。

それでも水無海浜温泉は最高だ。すぐさま湯船に戻ると、極楽が待っている。

たとえ一分でもよしと、何度も湯船と海を往復する。もう泳ぐことは諦めて「寒中水浴」に切

水無海浜温泉。湯船左側の小さな囲いは43℃ほどの源泉槽

り替える。それにしても水温七度というのは、強烈だ。いくら湯船と海を往復しても慣れることはなく、海はあっという間に身体を冷やす。何度でも繰り返してしまうのは、湯船に戻った際の愉悦ゆえだ。

湯船で上下のウエットスーツを脱ぎ、水着だけで海に入ってみると、ひときわ冷たい。腕時計の秒針を睨《にら》むと、一秒一秒がやけに長く感じる。三〇秒ほどしか持ちこたえられずに、湯船へと戻る。

水無海浜温泉の湯船の大きさは、一〇×二メートルほど。ちょうどプールの一レーンほどの幅があるので、露天風呂を平泳ぎでゆっくり往復する。もちろん誰かが露天風呂を訪れた際は、即座に泳ぎをやめる心づもりだった。

が、一向に誰も来ない。唯一の機会は、岩場で海苔を採っていた近所のおじさんとの立ち話だけだった。手にしたザルを見ると、艶やかな紅紫《こうし》色の海苔が光っている。湯船と海を何度も往復している姿を遠目で見ていたはずなのに、おじさんは「ゆっくりしていって。まだまだ愉しんで」と朗らかに立ち去った。

　湯船の中を観察すると、やはり魚の影はない。ただ小さなカニがいる。湯の三七度は人間と同じく、カニにとっても快適なのだろうか。潮が大きく引いた際の湯船は熱湯にもなるらしく、その際は岩の隙間から逃げ出すのかもしれない。役所で話を伺うと、数年に一度はイワシの群れが湯船に迷い込んで、取り残されてしまうそうだ。魚にとっての温泉は、無残なことに「煮え湯」となる。

　湯船と海の往復をつづける。誰も来ないため、湯上がりのタイミングがわからなくなってくる。二時間半ほど経つと、満ちてきた潮が少しずつ湯船に流れ込んでくる。湯加減は少しぬるくなってきただろうか。そろそろ潮時だろう。気づけば空にうっすらと雲が広がり、束の間の冬晴れが終わりに近づいていることを予感させる。

　水無海浜温泉は、かつての椴法華村（現・恵山岬町）に位置している。『椴法華村史』によると、江戸時代に水無海浜温泉は利用されていたと考えられ、明治初期以降は村の住人に広く親しまれていたようだ。古くは鎌倉時代の日持上人《にちじしょうにん》が、海岸にわき出る不思議な湯で旅の疲れを癒したともいわれている。

　昔日《せきじつ》は天然のままだった水無海浜温泉に湯船がつくられたのは、一九八四年のこと。二〇〇三年に改修工事がおこなわれ、現在に至っている。湯船は岩で囲われて、海岸には消波ブロックがない。天然の趣が保たれているのは、由緒ある温泉ならではだ。

着替えを終え、帰り際の一三時に温泉を覗くと、ひたひたと満ちてきた潮で湯船は海面下に沈みつつあった。


いったい「寒中水浴」の効用とは、どのようなものだったのだろう。

今回は温泉の効用も混じっているため、なかなか識別しにくい。ただ心身が軽くなり、清々しい心持ちになったことは確かだ。しかも旅を終えてからも、長らくその状態はつづいた。おそらく温泉だけならば、身体は湯の快適さに慣れ切ってしまい、変化や刺激が乏しくなる。海の冷たさという負荷があるからこそ、「効く」のではないか。

かつて編集を担当した翻訳書がある。

『フィンランドの幸せメソッド　SISU（シス）』（原題：*Finding Sisu*）と『EVERYDAY SISU』（原題：同）の二冊。これらの本では、冷たい水に浸かる効用が体験的に綴られている。両書の著者であるカトヤ・パンツァルは、フィンランドのヘルシンキで暮らしている。そして一年を通じてほぼ毎日、バルト海で泳いでいるのだ。冬の水温は一〇度を下回り、零度近くになることもある。


湖や川や海の冷たい水に一年中、どんな天候でも入るのです。（中略）ストレス、不安、うつ、疲労や痛みを和らげ、心と身体をリセットして活力を与えてくれます。30秒から1分程度の短い時間、自然のクライオセラピー〔訳者註：冷却療法〕を受けることで、肉体的にも精神的にも劇的な変化が生まれます。

（『EVERYDAY SISU』 柳澤はるか訳）

フィンランドの著者は仕事の激務や私生活のストレスなどによって、うつ病や燃え尽き症候群を患った。それでも回復できたのは、頑張ろうとしたのではなく、少しずつ自然や水の中で過ごす時間を取り戻していったことにある。

「つらいとき、冷たい海で泳ぐと、ほぼ確実に気分が良くなります」（同前）とあるように、著者にとって冷水浴の効用は大きかった。海の冷たい水に浸かると、幸せホルモン（エンドルフィン、セロトニン、ドーパミン、オキシトシンなど）が分泌されて血行がよくなり、多幸感も味わえるという。

とりわけ著者は、交差順応（交差適応）という作用に着目している。冷水という負荷に身体が反応すると、それ（冷水）以外の一般的なストレスに対しても耐性が生まれてくるという見解だ。やや大雑把に解釈すると、冷水という負荷によって「日頃における心身の免疫力」も向上するということだろう。

冷水にさらされ麻痺していた身体がガタガタと震えはじめ、かと思うと、冷たい痛みはあたたかなほてりへと変わりました。マッサージを受けたあとのような、あるいは強力な鎮痛剤が効きはじめた時のような。

（『フィンランドの幸せメソッド　SISU（シス）』同前）

そう、やはり冷たい海の魅力は侮れない。

きっと冷たい海に浸かれば浸かるほど、野性を取り戻すことができる。そして寒冷に対する耐性だけでなく、日常における「強さ」も育まれていく。

体調を顧みながら無理をせず、冬の海との親和性を緩やかに高めていきたい。

日本の四季は巡る。

私たちの海の季節は、いつまでも逃げ去らない。

シドニー・プール紀行

プールの「聖地」へ

いよいよ最後の旅は、海のプールの「聖地巡礼」で締めくくりたい。

私見ながら「聖地」というのは、オーストラリアのシドニーだ。

というのもオーストラリアには、海のプールがおよそ八〇箇所ある。なのに、その大半はシドニーにあるからだ。シドニーには三十数箇所、イラワラ地方（シドニーから南へ約八〇キロ）には一六箇所もの海のプールがある。つまり広大なオーストラリアの中でも、ニューサウスウェールズ州のシドニーやその近郊に海のプールは密集しているのだ。こんなにも海のプールに恵まれた地域は、世界でも類を見ない。

いったい「聖地」にあるプールとは、どのようなものだろう。

三月上旬、シドニーへ向かった。

晩夏から初秋を迎えるシドニーで、今回は以下の海のプールを巡ることができた（カラー写真一七二〜一七六頁）。

シドニー東海岸（一日目）
・ボンダイアイスバーグ・プール（Bondi Icebergs Pool：一八八〇年代竣工）
・ブロンテ・バス（Bronte Baths：一八八〇年代竣工）
・ジェフジェームス・プール（Geoff James Pool：一九六〇年代竣工）
・ジャイルズ・バス（Giles Baths：一八五〇年代竣工）
・ロスジョーンズ・メモリアル・プール（Ross Jones Memorial Pool：一九四七年竣工）
・ワイリーズ・バス（Wylie's Baths：一九〇七年竣工）
＊ボンダイ・ジャンクション駅から路線バス（三三三番）でボンダイアイスバーグ・プールへ。以降は順次ワイリーズ・バスまで海岸沿いを南へ歩く（約六キロ）。帰路は路線バス（三五〇番）でボンダイ・ジャンクション駅に戻る。各プールの竣工年に関しては、初期の形状がつくられた時期を示す（以下同）。

シドニー北海岸（二日目）

・ノースカール・ロックプール（North Curl Rock Pool：一九三七年竣工）

・サウスカール・ロックプール（South Curl Rock Pool：一九二七年竣工）

・フレッシュウォーター・ロックプール（Freshwater Rock Pool：一九二五年竣工）

・クイーンズクリフ・ロックプール（Queenscliff Rock Pool：一九三七年竣工）

・フェアリーバウアー・ロックプール（Fairy Bower Rock Pool：戦間期竣工）

＊シドニーの港（サーキュラー・キー）からフェリーでマンリーへ出る（約三〇分）。路線バス（一六七番）でカールビーチへ。ノースカール・ロックプールから、順次フェアリーバウアー・ロックプールまで海岸沿いを南へ歩く（約六キロ）。帰路はフェアリーバウアー・ロックプールからマンリーの港まで歩き（約一キロ）、フェリーでサーキュラー・キーに戻る。

シドニー南海岸（三日目）

・ノースクロヌラ・ロックプール（North Cronulla Rock Pool：一九三二年竣工）

・サウスクロヌラ・ロックプール（South Cronulla Rock Pool：一九四一年竣工）

・シェリービーチ・プール（Shelly Beach Pool：一九〇〇年代初頭竣工）

・オークパーク・プール（Oak Park Pool：一九二〇年代竣工）

＊クロヌラ駅から、すべて徒歩圏。プールのある海岸を往復して、約五キロ。クロヌラ駅はシドニー中心街のセント

ブロンテボギー・ホールは天然の潮だまり

ラル駅から電車で約五〇分。

このようにシドニーが素晴らしいのは、一日にして海のプールをいくつも回れること。今回は公共交通機関と徒歩で訪ねやすい場所に限ったものの、シドニーにある約半数の海のプールを巡ることができた（シドニー近郊のイラワラ地方を除く）。

とはいえ、シドニーにおいても「海のプールと見なすか否か」という線引きは悩ましい。より広義に捉えると、シドニーにある海のプールの数は膨れ上がる。今回の旅では、列記した以外にも「ブロンテボギー・ホール（Bronte Bogey Hole）」や「クロヌラ・チルドレン・プール（Cronulla Children's Pool）」といった、プール的に親しまれている天然の潮だまりにも立ち寄った。これらも「海のプールの一種」と捉えられるだろう。あるいは海岸にある人工的な屋外プールも、場所によっては「海のプール」に含められるかもしれない（「ドーンフレイザー・バス（Dawn Fraser Baths）」や「アンドリューボーイチャールトン・プール（Andrew Boy Charlton Pool）」など）。

シドニーの海岸には美しいコースタルウォーク（海岸遊歩道）が設けられており、タスマン海を眺めながらプールからプールへと移動する散策も愉しい。しかも歩けば歩くほど、海のプールは次々に現れる。最初のプールで水着に着替えて以降は、もう着替えることも、濡れた身体を拭くこともなく、水着のまま（上半身はラッシュガード）で歩を進めた。

不思議なことに、歩いて海のプールを「はしご」すると、疲れを感じにくい。おそらく歩き疲れたとしても、ひとたびプールに浸かると、浮力のおかげで身体がほぐれるのだろう。プールから上がると、またまた歩く気力がわいてくる。

二箇所のプールに限っては有料施設のため（「ボンダイアイスバーグ・プール」と「ワイリーズ・バス」）、入退出時は身体を拭くなどして多少身なりを整えた。その他のプールは無料なので、気兼ねなく利用できる。

海のプールで泳いでは、そのままの格好で歩き出し、また次のプールに浸かる。

シドニーでは、この繰り返しだった。海のプールの個性はいずれも異なるため、いっさい飽きることはない。プールの形状も異なれば、プールのある地形も異なる。それぞれのプールには、驚くほどに長い歴史も刻まれている。「いったい次はどんなプールなのか」と、新しい出会いに胸が躍る。

それにしても、不思議だ。

なぜシドニーには、こんなにも海のプールが数多く存在するのだろうか。

世界を見わたすと、海のプールはオーストラリア以外にもある。日本はもちろん、ポルトガルやスペイン、イギリス、アイルランド、ニュージーランド、メキシコ、アメリカ、南アフリカなどで見られる。たとえばポルトガルにある「レサ・ダ・パルメイラの潮のプール」は、著名な建築家であるアルヴァロ・シザが設計したものとして知られている。

ただそれらの国において、海のプールの数は決して多くない。

オーストラリアは海のプールの数が多いだけでなく、なぜかシドニーに密集しているのだ。

イギリスによるシドニー開拓の歴史は、一七八八年に移民船が到着したことからはじまる。（海水浴発祥の地といわれる）イギリスでは、ちょうど海水浴がはじまった頃（一八世紀中頃）だ。海に親しみを覚えるイギリスからの入植者は、先《ま》ずもってシドニーに広がる海の美しさに魅せられたに違いない。入植者あるいはその子孫は、美しい海を前にして「気軽に泳げる場所」を渇望したのではないか。

そもそもシドニーにある海のプールは、地域のニーズに根ざしたものだ。プールの建設や維持は、ボランティアの働きやコミュニティの資金調達が大きく寄与している。つまり行政が計画的に主導したものではなく、「身近な場所にプールを」という住民の切実な思いによるものだ。

またオーストラリアにおける競技水泳が、一九世紀中頃からシドニーではじまったことも背景にあるだろう。各地では多くのスイミングクラブがつくられ、競技水泳の場としてもプールが求められるようになっていった。

さらにはシドニー特有の地形も関係しているだろう。シドニーの海岸線は、じつに複雑だ。ゴールドコースト（クイーンズランド州）のように白い砂浜が延々とつづくのではなく、ビーチが現れては入り江や崖、岩場が現れる。岩礁を掘ったり、コンクリートで囲ったりして、海のプールが比較的つくりやすい地形だったのではないか。

ただ、これらの要因だけで説明できるものでは到底ないだろう。海やプールに対するシドニーの情熱には、何やら計り知れないものがある。何だろう、プールの重要性を日本で喩《たと》えるなら、「わが街に駅をつくる」くらいの情熱か。「海に親しむ場をつくる」という強烈な意志、それは情熱を超えた「魂」のようなものかもしれない。

万人のためのプール

今回訪れた一五箇所のプールを振り返って、何より気づかされるのは「万人に開かれている」ということ。いずれの海のプールを訪れても、いつも誰かが泳いでいる。母親に抱かれた赤子から高齢者までと、年齢層はじつに幅広い。性差も関係なく、私のように一人で訪れている人も多い。ターンを繰り返すラップスイマーから、水浴を愉しむ人まで様々だ。また多文化主義に舵を

プールに備えられた階段や手すり、スロープ（シェリービーチ・プール）

切った現代においては、肌の色を気にすることもなく、誰もが気楽にプールを訪れることができる。

泳法としてはクロールの比率が高い。クロール泳法はオーストラリアで進化したため（発祥の地ともいわれる）、やはりクロールが一般的なのかもしれない。

みな思い思いにゆったり泳いでいると思いきや、どうだろう。私がクロールでラップスイミングをしていると、気づけば年配のスイマーにするすると追い抜かされていく。体格や体力差に加え、長いリーチ（腕の長さ）によるところも大きいだろう。ストローク数（水を搔く回数）が少なく、ゆっくり泳いでいるように見えて、じつは長いリーチによって力強く進んでいく。

ただ日本の混み合った屋内プールのように、「遅い者が煽られる」といった威圧感はさらさらない。広い海のプールでは競い合う必要など何もなく、誰もが自由に好きなように愉しめばいい。

オークパーク・プールを訪れた際は、ふらりと大柄の中年女性がプールサイドに現れた。腰の持病を抱えているのだろうか、ゆっくりと歩くのも辛そうだった。遠目に観察していた私は、おそらく気分転換にプールを眺めに来たのだろうと思った。

しかし、はらりとワンピースを脱ぐと水着姿だった。ゆっくりと水に浸かりながら歩き、ある地点でぱっと平泳ぎに切り替えた。海の浮力というのは、魔法のようだ。身体の動きは、突如としてしなやかになる。海に両肩まで身体を浸けると、体重は一割ほどになる。すいすいと泳ぐ彼女の表情はじつに穏やかで、自由を取り戻した悦びが伝わってくる。

シドニーにある大抵のプールでは、水に浸かるための手すりや階段、スロープがしっかり設けられている。もしプールにハシゴしかなければ、足腰に不安がある際は入りにくい。誰もが安心して水に浸かれるよう、十分な配慮がなされている。

開かれたプールで、唯一除外されていること。

それは犬の遊泳だ。多くのプールでは「犬禁止」の看板が掲げられている。ただジャイルズ・バスでは、犬を連れた遊泳者が現れた。ここは開放的なプールなので、犬もＯＫなのだろう。いや、お構いなしということか。ダックスフンドを小脇に抱えた若い男性は、そのまま思いっきりプールに飛び込んだ。水の冷たさに驚いたのか、ダックスフンドはしきりに犬かきをして急いで岸に上がる。男性はプールから「おいで」と誘うものの、犬は「無理、無理」と悲しそうな鳴き声を上げるばかりだった。

ワイリーズ・バス

ああ、大胆で自由な行動は、海のプールにふさわしい。ただ犬の愛好家が多いオーストラリアでは、放っておくとプールは犬だらけになってしまうのだろう。

ただ海を愛するということ

クージービーチの近くにあるワイリーズ・バスは、とびきり美しかった。

ここは海なのか、プールなのか。

外洋からの波がひっきりなしにプール内に流れ込んでくる。押し寄せる波は力強く、到底まっすぐに泳げない。真っ白に砕けた波が引いたかと思うと、またもや波に呑み込まれる。そのことが、ただただ心を躍らせる。

プールの縁で小休止して、水に浸かりながら沖合を眺める。ある一人客が近くに寄ってきては、同じく沖合を眺める。言葉を交わさなくても、互いの心情がわかる。海もプールも美しすぎる、といった心持ちだ。が、そんな凡庸な感傷を吹き飛ばすように、じきに強い波が押し寄せ、人をもみくちゃに洗う。

プールの水は澄み、魚も多く見られる。そのため、黒い鵜《う》が水底の獲物をしきりに探し回っている。潜っている鵜は、時おり浮上して水面に顔を出す。鵜は動きの鈍い人間の存在をあまり気にしていない様子。平泳ぎで顔を上げた際、浮上した鵜と目の前で鉢合わせになることもある。

ワイリーズ・バスの北側には、マクイバー・レディースバス（Mciver's Ladies Baths）がある。ここはオーストラリアに唯一残された、女性専用の海水プールだ。利用は今でも女性と子どもに限られる。一九世紀のプールは女性用と男性用に分けられていたことを窺い知れる貴重なプールだ。州政府が差別禁止法の免除を認めているのは、やはり歴史的な意義ゆえだろう。女性であれば、ワイリーズ・バスと併せて訪れてみるのもいい。

シドニーの旅を振り返ると、海のプールの水はどこも冷たかった。いずれも水温は二三度ほどで、気温と同じくらいだった。風が吹いたり曇ったりすることも多く、水は意外と冷たく感じる。そのためプールを「はしご」しては、そのたびに水に浸かる「緊張感」を伴う。ああ、また冷たい、と。荷物を少なくするために、上半身のウエットスーツ（二ミリ厚）を持参しなかったことを少し後悔した。

サウスクロヌラ・ロックプール

ただ周囲を見わたすと、誰もが水着のみ。ウエットスーツどころか、私のように上半身にラッシュガードを着ている人もいない。とりわけ若い女性は、極端に面積の小さなビキニ姿であることも多い。眩《め》暈《まい》のようなものを覚えると同時に、身体が冷えないのか心配にもなる。

日光浴を愛する国柄とはいえ、みな本当に水が冷たくないのだろうか。

水着に着替えてプールに浸かる際は、ひときわ水を冷たく感じるもの。その瞬間をじっと観察してみると、やはり「オゥ」などと小さな声を発したり、両腕をバツの字にして胸にあてたりしている。その姿を見て、少し安心する。冷たさを感じるのは私だけではなかった、と。

しかし、得てしてその後の行動が早い。躊躇せず、一気に全身を水に浸けて、泳ぎ出す。大胆というよりも、水の冷たさを大いに歓迎しているように映る。

サウスクロヌラ・ロックプールでは、雨に見舞われた。ぽつぽつと降り出したのでプールから上がり、プールサイドの荷物に雨よけのリュックカバーをかぶせた。プールに戻ると、先ほどまで一緒に泳いでいた高齢の女性が満面の笑みで声をかけてくる。

「最高のプラクティス（稽古）ね」と。

ちょうど強い雨が降ってきた瞬間で、今この貴重な瞬間をともに泳ごうという意味合いが込められているのだろう。冷たい水も、冷たい雨も歓迎するという屈託のなさは素敵だ。雨が強まると海岸から人の気配は消え、海のプールは静けさに包まれる。世間からポツンと取り残されたようなプールで泳いでいると、泳ぐ者同士の連帯感が生まれる。女性は顔を上げたままの平泳ぎですいすいと泳ぎ、すれ違った際はいつも笑顔だった。

シドニーのプールが愉しかったのは、その美しさだけではなかった。

海辺や水の中にいる人々の幸せそうな姿が、こちらにも伝わってくるからこそ、旅が彩られたに違いない。

海やプールを愛するシドニーの人たちは、子ども心を忘れない大人だ。

特段、何をするわけでもない。ただ海やプールに浸かっては、ビーチやプールサイドで太陽を浴びる。仲間がいれば、他愛のないおしゃべりをつづける。誰もが何気ない海の時間を心から愛おしんでいる。

齢を重ねても、誰もが全存在をもって、上機嫌で歓喜しながら生きているように思えてくる。

いや、何らかの苦悩はありつつも、幸せに生きられるという確信を抱いている。素朴に、屈託なく、ただただ好きな海に身をゆだねる。ついつい憧れのような気持ちを抱いてしまうのは、幸せになる才能にあふれているように思えるからだ。

とりわけシドニーの海岸で、水着姿の高齢者を性差なく多く見かける意義は大きい。機嫌よく泳ぐ高齢者の背中は、海辺にいる若い人々や中高年に語りかけてくる。

「いくつになっても、そのままでいいんだよ」と。

おわりに

「望遠レンズで、プールを撮影されてましたよね」

と、プールの更衣室で着替えている際、不意に呼び止められた。

ここは、神奈川県の小田原市にある御幸《みゆき》の浜プール。一九七〇年に市が建設した屋外プールだ。例年八月末でプールは閉じられるため、数日前に駆け込むように訪れた。

プールを見下ろすテラス席からの眺めは美しい。真っ青な空の下、高速道路と住宅街に挟まれるようにして、プールは青々とした水をたたえている。今夏はあと数日で、御幸の浜プールが見納めになる。刻々と過ぎ去る夏の一瞬を惜しむように、テラス席からプールの風景をそっとカメラに収めた。

いよいよプールに入ろうと着替えていた矢先、先のように若い監視員から声をかけられた。テラス席から望遠レンズでプールを撮っていたのではないか、と。「レンズは広角ですけど」と答える私の言葉は、どこか空しく響く。私が旅でいつも持参する一眼レフカメラは、物々しく映ったのだろう。またレンズは超広角であるため、外観は望遠レンズのように大きく見えてしまう。そう、その内実は「水着姿の盗撮をしていたのではないか」という疑いだ。ただ監視員は心得ていて、問い詰めたり、決めつけるようなことはしない。撮影を慎んでほしい旨を告げたあと、「つい先日、実際に盗撮があったので（監視に）気をつけているものですから」という。監視員は、やんわりと諭して立ち去った。

水着に着替え、御幸の浜プールに身をひたす。

水の冷たさが、心地いい。

しかし「盗撮」という言葉がリフレインして、気分が落ち込む。美しいプールを前にして心を躍らせていたというのに、傍から見ると私は単なる「不審者」だったのか、と。監視員の言動は何も悪くない。ただ病める世相が恨めしい。

ある小説の一節を思い浮かべる。

フランソワーズ・サガンの『ある微笑』（原題：*Un Certain Sourire*）には、心象を代弁してくれるかのような描写があった。

私は、プールの周囲の、この嬉しそうな、おしゃべりで、興奮した、色白の一群を眺めた。

私は、自分が優しい歓びに浸ってゆくのを感じると同時に、またいつもの『私は此処で一体

何をしているんだろう』という考えが自分に潜んでいるのを感じた。（『ある微笑』朝吹登水子訳）

これは、二〇歳の主人公であるドミニックがプールで佇むシーンだ。ドミニックは同世代の仲間も自分をも愛せず、人生に倦怠《けんたい》していた。

五〇代の私も、いったいここで何をしているのかと、いたってみじめな気持ちになる。プールには、多くの人の歓声が満ちているというのに――。

いけない、いけない。

水との交歓が色褪せて感じられる。いつものようにプールの悦びを感じられない。

仕方なく、短い時間でプールを後にする。

このまま帰るには気分が重すぎるので、足は海へ向く。

そうだ。そうだった。海への扉は、開かれている。

いくつになっても、どんなに辛いことがあっても、扉の先へ向かいたい。

気分が上向いたのは、まさに海への扉を歩んでいるときだった。

御幸の浜プールから海へ出るには、高速道路の壁が行く手を阻む。そのため、高速道路の下をくぐり抜けるトンネルが設けられている。歩行者用の細い通路で、長さは二五メートルほどある。ここは実際に「海への扉」と呼ばれている。トンネルの出口には重厚な扉があり、高潮の際は防潮扉として閉じられるようになっている。

トンネルに入ると、薄暗い。が、トンネルの先には、小さな海が光っている。まさに海への扉だ。四角く切り取られた海は、先に待ち受ける希望のように映る。

そうか。この長くて暗いトンネルのように、人生がままならなくても、トンネルの先には海がある。希望がある。長いトンネルのように、人生を長らく歩んだとしても、海がある。いくつになっても、辛いことがあっても、海への扉は開かれている。

この感覚を胸に刻みたい。長いトンネルを抜けるとそこは海だ、と。

海水浴の時期は終わっていたものの、トンネルを抜け、海（御幸の浜）で泳ぐ。すべてを洗い流すように、一人で泳ぐ。

本書では全国に残されている海のプールを巡った。

それでも海やプールの魅力は語りつくせない。ただ一つだけいえることは、海で遊ぶことは単なる娯楽ではない、ということではないか。心地いい、心身が軽くなる、健やかになる、その先にある自己変容こそが真の魅力ではないか。自由な広い空間に身をゆだねていると、感覚が研ぎ澄まされ、想像力が目覚める。人それぞれの思索がはじまる。自己が更新され、深刻な悩みはいたって深刻ではないことに気づく。

旅に出て泳ぐということは、日常を取り巻く社会や組織、そして自分自身の「当たり前」を疑うことでもあるのだろう。何らかの旅を終えて、「リフレッシュできました。これで今日からま

御幸の浜へ通じる「海への扉」

たバリバリと働けます」と口にする人を私はあまり信用しない。旅を経ると日常に対する、何がしかの疑いあるいは抗いが生まれてくるのではないか。このままでいいのか、こんな自分でいいのか、と。

巧妙な支配の手、空疎な人間によってもたらされる拘束が、日常に蔓延《はびこ》っていることに気づくこともできる。いわば目に見えない、意識されない不自由さだ。生産性や効率性が喧しく唱えられる昨今、私たちは「閉じられた空間」に気づくこともなく、不安を掻き立てられて、個々人の時間や労力、精神力はいとも容易《たやす》く奪われてしまう。ひたすら労働と消費を促されて、私たちは「ただ走らされる人生」に陥ってしまう。

巧妙なベルトコンベアから逃れ、自己を見つめ直すには、遠くを眺められる広い空間、静かな空間が必要だ。バーチャルな空間ではなく、やはり自然の中に身を置きたい。海が何より愉しい私の場合は、とにかく旅に出て泳ぐしかない。泳ぎつづけるしかない。

そう、たとえいくつになっても、海への憧憬は消え去らない。海のプールは万人に等しく開かれている。海のプールは自由な人生の象徴だ。生産性と効率性の観点からいえば、海で泳ぐことは「何も生み出さない行為」だろう。だからこそ「かけがえのない営み」に違いない。

たとえ長いトンネルにあったとしても、目線を上げたい。トンネルの先に漏れる小さな光を見据えたい。

いつだって海への扉は、開かれている。

＊

最後に、本書を導いてくださった草思社編集部の貞島一秀さんに深く感謝いたします。また、装幀や本文デザインを素敵に仕上げていただいた森デザイン室の後藤葉子さん、濃やかに進めてくださった本文組版の鈴木知哉さんに、心からお礼を申し上げます。

清水浩史

二〇二三年六月

参考文献

アーネスト・ヘミングウェイ『蝶々と戦車・何を見ても何かを思いだす――ヘミングウェイ全短編3』高見浩訳、新潮社、一九九七年。

天津小湊町町史編集委員会編『天津小湊』天津小湊町、一九九四年（千葉県立中央図書館蔵書）。

アラン（エミール・オーギュスト・シャルティエ）『幸福論』串田孫一・中村雄二郎訳、白水社、二〇〇八年。

アルベール・カミュ『ペスト』宮崎嶺雄訳、新潮社、二〇〇四年。

飯田美樹『カフェから時代は創られる』クルミド出版、二〇二〇年。

伊藤廉『ポルトガルの建築家　アルヴァロ・シザ』学芸出版社、二〇二〇年。

井上恵一朗「『10円プール』80年の歴史、岐路に」『朝日新聞』二〇二二年七月七日付（東京、朝刊）。

カトヤ・パンツァル『フィンランドの幸せメソッド　SISU（シス）』柳澤はるか訳、方丈社、二〇一八年。

カトヤ・パンツァル『EVERYDAY SISU（シス）　フィンランドの幸せ習慣』柳澤はるか訳、方丈社、二〇二二年。

神谷美恵子『生きがいについて』みすず書房、二〇〇四年。

川上千尋監修『保存版　ひたちなか・那珂・常陸太田・常陸大宮の今昔』郷土出版社、二〇〇九年（国立国会図書館蔵書）。

楠山忠之『日本のいちばん南にあるぜいたく』情報センター出版局、一九九三年。

クリストファー・ビーンランド編『POOL――世界のプールを巡る旅』大間知知子訳、青幻舎、二〇二一年。

櫻澤誠『沖縄観光産業の近現代史』人文書院、二〇二一年。

ジャン＝クリストフ・リュファン『永遠なるカミーノ――フランス人作家による〈もう一つの〉サンティアゴ巡礼記』今野喜和人訳、春風社、二〇二〇年。

庄子徳通「岸壁の上に輝く『小さな海』」『河北新報』二〇一七年八月六日付。

ジョン・チーヴァー『巨大なラジオ／泳ぐ人』村上春樹訳、新潮社、二〇一八年。

ダヴィッド・ル・ブルトン『歩き旅の愉しみ――風景との対話、自己との対話』広野和美訳、草思社、二〇二二年。

髙橋秀実『はい、泳げません』新潮社、二〇〇七年。

太宰治『津軽』新潮社、二〇〇四年。

田伏潤「魚や夕日ながめ泳ぐ」『朝日新聞』二〇〇五年七月三〇日付（青森、朝刊）。

田和正孝編『石干見　最古の漁法』法政大学出版局、二〇〇七年。

中和村史編纂委員会編『中和村史』岡山県真庭郡中和村、一九七五年（国立国会図書館蔵書）。

中条省平『カミュ伝』集英社インターナショナル、二〇二一年。

十島村誌追録版編集委員会編『十島村誌　追録版』十島村、二〇一九年（国立国会図書館蔵書）。

椴法華村編『椴法華村史』椴法華村、一九八九年（国立国会図書館蔵書）。

富盛字誌編集委員会編『富盛字誌』字富盛、二〇〇四年（国立国会図書館蔵書）。

那珂湊市史編さん委員会編『写真集　那珂湊市史』那珂湊市、一九七四年（国立国会図書館蔵書）。

ニーナ・バートン『森の来訪者たち——北欧のコテージで見つけた生命の輝き』羽根由訳、草思社、二〇二二年。

日本生産性本部編『レジャー白書（２０２０、２０２２年版）』日本生産性本部、二〇二〇年、二〇二二年。

藤川徳美『親子ではじめる！　天才ごはん——栄養療法でみるみる脳の働きがよくなる！』方丈社、二〇二三年。

フランソワーズ・サガン『ある微笑』朝吹登水子訳、新潮社、一九八七年。

南大東村役場編『南大東村　島の名所・名物』南大東村役場、二〇一四年（沖縄県立図書館蔵書）。

矢野恒太記念会編『データでみる県勢（１９８９–90年版）』国勢社、一九八八年。

矢野恒太記念会編『データでみる県勢（２００１、２０２３年版）』矢野恒太記念会、二〇〇〇年、二〇二三年。

余暇開発センター編『レジャー白書１９８６』余暇開発センター、一九八六年。

リン・シェール『なぜ人間は泳ぐのか？——水泳をめぐる歴史、現在、未来』高月園子訳、太田出版、二〇一三年。

ロジャー・ディーキン『イギリスを泳ぎまくる』野田知佑監修・青木玲訳、亜紀書房、二〇〇八年。

Catherine Kelly(2021). *Blue Spaces: How and Why Water Can Make You Feel Better*, Welbeck Balance.

Marie-Louise McDermott, Chris Chen(2022). *Ocean Pools: 75 Pools across Australia for Saltwater Swimmers*, Thames and Hudson.

挿絵　瀬川尚志
写真　著者

著者略歴

清水浩史　しみず・ひろし

一九七一年生まれ。書籍編集者・ライター。
早稲田大学政治経済学部卒業。
東京大学大学院修士課程修了（政治学）、博士課程中退（環境学）。
大学在学中から国内外の海や島を巡る旅をつづける。
テレビ局、出版社勤務などを経て独立。
著書に『深夜航路』（草思社）、
『秘島図鑑』『海駅図鑑』『幻島図鑑』『楽園図鑑』（河出書房新社）、
『不思議な島旅』（朝日新書）などがある。

海のプール

海辺にある「天然プール」を巡る旅

二〇二三年六月二十九日　第一刷発行

著者　清水浩史

装幀者　後藤葉子（森デザイン室）

発行者　碇　高明

発行所　株式会社　草思社

〒一六〇-〇〇二二　東京都新宿区新宿一-一〇-一

電話　営業〇三（四五八〇）七六七六

編集〇三（四五八〇）七六八〇

本文組版　鈴木知哉

印刷・製本　中央精版印刷　株式会社

ISBN978-4-7942-2663-1　Printed in Japan　検印省略